Vor fünfzig Jahren ist das Jahrhundertwerk Das andere Geschlecht *von Simone de Beauvoir erschienen. Dieses Datum soll zum Anlaß genommen werden, dieser außergewöhnlichen Frau, die die meiste Zeit ihres Lebens in Paris verbrachte, ein außergewöhnliches Buch zu widmen.*

In diesem Band soll das ganz private Paris der Beauvoir anhand ihrer Romane und autobiographischen Werke sowie ihrer Tagebücher und Briefe zu neuem Leben erweckt werden. Lassen Sie sich von ihrer Begeisterung für die ›Stadt der Liebe‹ anstecken und folgen Sie ihr durch den aufregenden Großstadtdschungel.

Wir sehen die Weltstadt Paris mit den Augen einer jungen Frau, die sich nur unter Schwierigkeiten von ihrem Elternhaus löst, verbotenerweise die zahlreichen Cafés und Bars durchstreift und sich zum ersten Mal in ihrem Leben betrinkt. Die Cafés werden zu Beauvoirs zweiter Heimat. Sie trifft sich dort nicht nur mit Freunden, sondern verfaßt auch einen Großteil ihrer Werke, dort führt sie Tagebuch und schreibt Briefe.

Auf den folgenden Seiten begleiten wir die große Schriftstellerin bei ihren Streifzügen durch Paris, lernen Schulen, Hotels, Gärten und Bibliotheken kennen, Orte, an denen sie sich am liebsten aufhielt. Ihr haben wir es zu verdanken, daß wir bestimmte Gegenden und Sehenswürdigkeiten sowie Straßen wiederentdecken, die sich oft viel zu schnell verändern.

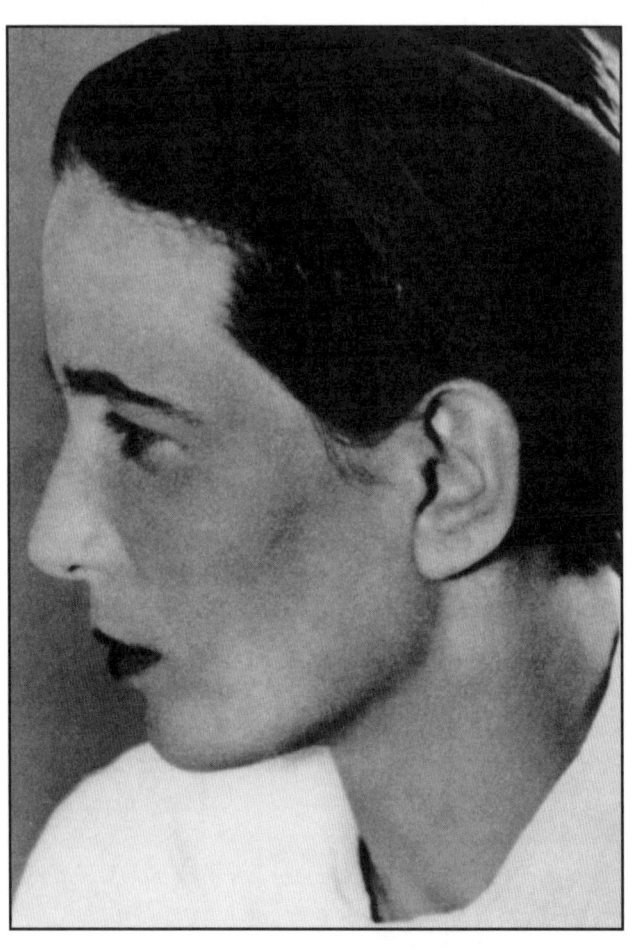

Inga Westerteicher

Das Paris
der Simone de Beauvoir

Mit einem Vorwort
von Florence Hervé

edition ebersbach

Inhalt

Simone de Beauvoir – »Das ganze Leben«

Die Tochter aus gutem Hause erlebt eine problemlose Kindheit. Von der Mutter hat sie den Glauben und die Strenge, vom Vater den rationalistischen und skeptischen Geist, die Wissensgier geerbt. Sie ist ein begabtes Kind, liebt das Leben und ihre Freundin Zaza. Die Beauvoir-Bankiersfamilie mit adeligem Hintergrund hat zwar Bankrott gemacht, aber das Leben in Paris ist vom Theater und von Büchern geprägt. Die katholische Erziehung am Institut für junge Mädchen ist streng, dafür von Qualität. Zwei wichtige Ereignisse in ihrer Kindheit und Jugend haben Auswirkungen auf ihr weiteres Leben: der Bruch mit der Kirche, als sie 14 Jahre alt ist, und die Erfahrung ihrer Körperlichkeit als Frau – der verehrte Vater machte darüber Witze.

Mit 18 Jahren fühlt sie sich »gezeichnet, verflucht und ausgestoßen«. In dieser Jugendkrise entstehen die Wurzeln für ihre Philosophie der Freiheit.

1926/27 beginnt Simone de Beauvoir ein Studium der Philosophie an der Sorbonne. Sie ist eine fleißige Studentin, feingescheitelt, mit Jerseypullover und Halskette. Mit 19 Jahren stößt sie auf den Kreis der jungen Intellektuellen um Merleau-Ponty. Das ist das Jahr, in dem sie Sartre kennenlernt und in dem ihre Freundin Zaza stirbt. Mit Sartre beginnt sie eine ungewöhnliche, bis zum Tode dauernde Paarbeziehung, deren Bedingungen in einem Pakt mit zwei Punkten festgehalten sind. Beauvoir und Sartre versprechen sich absolute Freiheit – neben ihrer »notwendigen«

Liebe wird es auch andere Liebesbeziehungen geben. Und sie versprechen sich absolute Wahrheit – sie würden sich nie belügen und sich nichts verbergen. Ein bewundertes Lebensmodell, das Generationen von Frauen geprägt hat – als eine Alternative zu Spießermoral, bürgerlicher Ehe und traditioneller Frauenrolle. Aber auch ein schwer zu lebendes Modell mit Drei- und Mehrecksverhältnissen, die zu schmerzhaften Brüchen bei den Beteiligten führen, auf Kosten von Dritten stattfinden.

Beauvoir und Sartre bestehen die schwierige Lehramtsprüfung gemeinsam als Beste. Beide werden zunächst Lehrer. 1943, unter der Vichy-Regierung, wird Beauvoir aus einer katholischen Schule entlassen, weil sie, so der Rektor von Paris, ihren Schülerinnen nicht das richtige Bewußtsein für die Rolle der Frau in der Gesellschaft beibrachte. Als sie im Oktober 1946 ihren Essay *Das andere Geschlecht* beginnt, ist sie 40 Jahre alt. Sie fühlt sich in der Welt der Existentialisten wohl und ist erfolgreich. Sie hat drei Romane veröffentlicht, darunter *Sie kam und blieb* (1943) und *Das Blut der anderen*, ein Stück über die Résistance, den Essay *Pyrrhus et Cinéas*, das Theaterstück *Die unnützen Mäuler* sowie eine *Moral der Doppelsinnigkeit*. Die Werke, die Simone de Beauvoir während der Besatzung und der Nachkriegszeit schreibt, faßt sie unter dem Begriff »moralische Periode meiner literarischen Laufbahn« zusammen. Die Philosophin arbeitet seit 1945 für die Zeitschrift *Les Temps modernes* als einzige Frau, weist in dem Artikel *Der Existentialismus und die Volksweisheit* (1945) die deformierenden Allgemeinplätze über den Existentialismus zurück und hebt die Bedeutung von Freiheit und Verantwortung in der Theorie hervor – sie wird abfällig als ›Notre-Dame de Sartre‹ benannt, ihr eigenständiger Beitrag zur Theorie des Existentialismus geleugnet.

Zu dieser Zeit lebt Simone de Beauvoir mit Sartre in einem Hotel, und – Stein des Anstoßes – sie ist unverheiratet und hat sich bewußt dazu entschieden, keine Kinder zu haben. Auslösendes Moment für *Das andere Geschlecht* ist ein Gespräch mit Sartre über das Thema: Was ist eine Frau? Noch ist das Konzept für die »mutige Pionierarbeit« unklar. Denn Simone de Beauvoir hat sich noch nie mit Frauenfragen, mit der Geschichte von Frauenkämpfen oder mit feministischen Strömungen beschäftigt. Sie geht mit der sie kennzeichnenden Gründlichkeit und Leidenschaft an das Thema heran. An dem Buch wird sie zwei Jahre arbeiten, die gesamte bereits erschienene Literatur dazu durcharbeiten, ob Psychologie, Marxismus oder Biologie. Mit einer einzigen Unterbrechung: Auf einer Reise in die Vereinigten Staaten 1947 verliebt sie sich in den Schriftsteller Nelson Algren, mit dem sie bis 1951 eine intensive Liebesbeziehung lebt – ihre »transatlantische Liebe«. Mit ihm bespricht sie auch ihren »Essay über die Frau«. In den ersten Wochen nach ihrer Rückkehr nach Paris leidet sie zunächst unter Depressionen. Nelson Algren hatte ihre geordnete Welt ziemlich durcheinandergebracht.

Außerdem beschäftigen sie andere Projekte: Sie will ihr Manuskript *Amerika – Tag und Nacht* fertig schreiben und bearbeitet nebenbei Sartres Drehbuch *Die schmutzigen Hände*. Im Kopf entwirft sie bereits das Konzept für die

Mandarins von Paris, ein Buch über die Intellektuellensze-
ne der Nachkriegszeit, für das sie 1954 die höchste litera-
rische Auszeichnung, den Prix Goncourt, erhält.

Die Arbeit am *Anderen Geschlecht* beansprucht sie voll. Simone de Beauvoir ist mal begeistert, mal des Buches über-
drüssig und kaputt, sie nimmt Aufputschtabletten. Das
900-Seiten starke Buch (der erste Band erscheint im Juni,
der zweite im Oktober 1949) wird zu einem wissenschaftlichen und zugleich engagierten Essay, dessen Grundlage
die Philosophie der Freiheit ist. Es untersucht die Situation der Frau durch die Jahrhunderte. Systematisch geht die
Philosophin an die Faktoren heran, welche die Frauenbe-
freiung be- und verhindern.

Im ersten Teil »Fakten und Mythen« setzt sie sich mit dem
Mythos der Weiblichkeit, der Reproduktionsfunktion der
Frau und mit deren Erklärungsversuchen auseinander, –
den biologistischen Thesen, dem historischen Materialis-
mus und der Psychoanalyse.

Beauvoir hofft, daß im 20. Jahrhundert der Mythos Frau,
der die Menschheit in zwei Kategorien von Individuen un-
terteilt, untergraben wird – so wie sie es tut, indem sie erklärt, daß die Unterdrückung und Unterordnung der Frau
nicht natur- sondern kulturbedingt ist und daß Männer
an dieser Situation entscheidenden Anteil haben: »Man
kommt nicht als Frau zur Welt, man wird es.«

Im zweiten Teil »Gelebte Erfahrung« beschreibt sie das
Schicksal der Frau: die Einführung in die Sexualität, der
Status der vom Mann abhängigen Ehe- und Hausfrau: ein
Kapitel, das übrigens großen Einfluß auf künftige Femini-

stinnen wie die US-Amerikanerin Betty Friedan haben sollte. Beauvoirs Ausführungen über die Mutterschaft lösen
einen Skandal aus. Zum erstenmal wird die Mutterschaft
nicht als etwas Gegebenes und Natürliches hingestellt. Außerdem schreibt sie über zehn Seiten zum Thema unfrei-
willige Schwangerschaften und Schwangerschaftsabbruch.
Das ist unerhört in der Nachkriegszeit des Babybooms, in
einer Zeit, wo Familienplanung und Schwangerschaftsab-
brüche verboten sind. Simone de Beauvoir erntet Be-
schimpfungen und Verleumdungen, weil sie überdies die
Tabuthemen Sexualität und lesbische Liebe anpackt.
Anknüpfend an Virginia Woolf begründet Beauvoir die
ökonomische Unabhängigkeit als Voraussetzung intellektueller Freiheit und widmet sich zum Schluß dem Weg der
Befreiung. Ihre Utopie ist die Geschwisterlichkeit der Ge-
schlechter – Weiblichkeit und Männlichkeit als Teil der
Menschlichkeit.
»Das Buch« wird bald zu einem Bestseller. Von der englischen Übersetzung sind es im Laufe der Jahre zwei Millionen – in den USA wird *Das andere Geschlecht* mit einer
nackten Frau auf dem Deckblatt angeboten, in Drugsto-
res mit dem Hinweis versehen: »Wie Sie Ihren Sex verbessern können.« Es wird in alle Sprachen der Welt übersetzt,
ins Arabische wie ins Serbo-Kroatische. In den 50er und
60er Jahren wurde das Buch in der Bundesrepublik kaum
wahrgenommen. Erst nach dem Tod Simone de Beauvoirs
1986 wurden ihre Werke in den Medien gewürdigt.
Nach der Arbeit am *Anderen Geschlecht* folgten viele Reisen mit Sartre nach Afrika, Amerika und in Europa. Rei-

sen auch mit dem jüngeren Philosophen und Mitarbeiter von *Les Temps modernes* Claude Lanzmann, mit dem sie zwischen 1952 und 1958 eine Liebesbeziehung hatte – sie lebte zeitweise mit ihm zusammen.

In den 50er und 60er Jahren veröffentlicht Beauvoir autobiographische Schriften wie *Memoiren einer Tochter aus gutem Hause, In den besten Jahren, Der Lauf der Dinge, Eine gebrochene Frau,* 1970 einen Essay über das Alter. Über ihre Aufenthalte mit Sartre in Chile, China und Kuba schreibt sie Berichte.

Das Jahr 1954 markiert den Beginn des Algerien-Kriegs und der Opposition dagegen. Sartre und Beauvoir nehmen an illegalen Demonstrationen für die Unabhängigkeit Algeriens teil, schreiben gegen den Kolonialkrieg. Als die junge Rechtsanwältin Gisèle Halimi auf die Folterung und Verstümmelung von algerischen Frauen als Vergeltungsmaßnahme für vermutete Unterstützung der nationalen Befreiungsfront FLN aufmerksam macht, engagiert Beauvoir sich sofort. Gisèle Halimi hatte die Verteidigung einer 22jährigen algerischen Freiheitskämpferin übernommen, die von französischen Soldaten vergewaltigt worden war. Simone de Beauvoir wird Vorsitzende des Komitees für Djamila Boupacha, schreibt das Vorwort für eine Dokumentation, die 1962 unter dem Titel *Djamila Boupacha* erscheint.

Das ist auch der Beginn des lauten Engagements der Schriftstellerin. 1966 nimmt sie am Internationalen Russell-Tribunal gegen den Vietnam-Krieg teil, als einzige Frau – darüber berichtet sie in *Alles in allem* (1972). Wenn sich

Beauvoir in die politischen Auseinandersetzungen einmischt, spielen Gewissensbisse eine Rolle, nicht an der aktiven Resistance gegen die Nazi-Besatzung und das Vichy-Regime teilgenommen zu haben.

In den 68er Jahren finden wir das Paar Sartre/Beauvoir an der Seite der demonstrierenden Studenten und Studentinnen. Beauvoir begrüßt den Mai-Aufstand 1968, nimmt auch an den Diskussionen in der Sorbonne und an Aktionen der Maoisten teil.

Zwanzig Jahre nach dem *Anderen Geschlecht* engagiert sich Simone de Beauvoir in der Frauenbewegung. Sie wird Vorsitzende der Gruppe *Choisir,* die für die Freigabe des Schwangerschaftsabbruchs eintritt, sowie der Liga für Frauenrechte. 1971 gehört sie zu den 341 sogenannten Schlampen, die sich in einem Manifest öffentlich des Schwangerschaftsabbruchs bezichtigten. Das Beispiel wird von Alice Schwarzer nach Deutschland übertragen – mit der *Stern*-Anzeige »Ich habe abgetrieben«.

Das Engagement Beauvoirs in der Frauenbewegung verändert ihre Position zur Frauenfrage und zum Feminismus, radikalisiert sie. »Man kommt nicht als Feministin zur Welt, man wird es« (Michelle Perrot).

Ob *Das andere Geschlecht* heute überholt ist? Einige Passagen sicherlich – man muß das Buch in den Kontext der 50er Jahre stellen. Die Gedanken der Entmystifizierung der Weiblichkeit, daß es kein auf Ewigkeit festgelegtes Männliches und Weibliches gibt, sondern etwas, das durch Kultur und Geschichte konstruiert wird, haben jedoch an ihrer Modernität nichts verloren. So auch die These der

Autonomie der Frau, die ihr Leben wählen kann, ebenso die Grundthesen der Freiheit, der Verantwortung des Einzelnen und der Möglichkeit von Veränderung als bestimmend für die Menschheit. Schließlich hat das Modell der unabhängigen Frau, die ihren Lebensunterhalt verdient, ihren Partner frei wählt und sich für oder gegen Kinder entscheiden kann, Millionen von Frauen beeinflußt.

Ein Wort noch zur Verbindung zwischen Leben und Schreiben. Das Werk Beauvoirs ist von ihrem Leben nicht zu trennen. Nicht nur deshalb, weil ihr Schreiben stark autobiographisch geprägt ist und das persönliche Leben zum Kunst-Werk verarbeitet wird, sondern auch weil ihr Leben und Lieben Selbstentwürfe und Versuche zur Emanzipation sind. Leben und Schreiben sind zwei Seiten derselben Medaille. Die unmittelbare gelebte Erfahrung – *l'expérience vécue* – ist die Grundlage für ihre Philosophie und ihre Weltanschauung. Ihr autobiographisches Werk entsteht aus dem Widerspruch, schreiben zu wollen und das Leben in vollen Zügen zu genießen. Ob es sich um das wirkliche Leben oder um das Schreiben handelt, immer geht es um Persönlichkeitssuche. Die Zielsetzung heißt Freiheit.

Simone de Beauvoirs Leben ist eines, das in die Hand genommen wird und, so der Soziologe Pierre Bourdieu, »letztlich unendlich viel schwerer zu leben war, als es den Anschein hatte«. Auf Schwierigkeiten und Risiken, ein selbständiges, freies und verantwortungsvolles Leben zu führen, hatte Simone de Beauvoir hingewiesen. Sie selbst zog es vor, ihre Freiheit zu leben und auszuleben.

Florence Hervé

14

Wohnungen und Hotels

BOULEVARD DU MONTPARNASSE NR. 103,
14. ARRONDISSEMENT

Simone de Beauvoir wurde am 9. Januar 1908 um vier
Uhr morgens am *Boulevard du Montparnasse Nr. 103* ge-
boren und sechs Wochen später auf den Namen Simone
Ernestine Lucie Marie Bertrand de Beauvoir getauft. Sie
war das erste Kind von George Bertrand de Beauvoir und
Françoise Brasseur. Da der Vater zu den niedrigeren Rän-
gen der Aristokratie gehörte und die Mutter in einer wohl-
habenden Familie des Großbürgertums aufgewachsen war,
erzogen sie ihre Tochter in dem Bewußtsein, zur Elite zu
gehören.

Ihre ersten Kindheitsjahre verbrachte Simone de Beauvoir
in dieser Wohnung am *Boulevard Montparnasse,* die in ihrer Erinnerung »nur noch einen unbestimmten Eindruck
von etwas, das rot, schwarz und warm ist« (*Memoiren* 7)
hinterläßt, ganz ähnlich einer warmen Höhle. Umsorgt
von einem immer gegenwärtigen Kindermädchen, das sich
um das leibliche Wohl der kleinen Simone sorgte, mit ihr
auf den Spielplatz ging und in ihrem Zimmer schlief, ver-
hätschelt von einer jungen, schönen Mutter und mit einem Vater, der es zwar verstand, seine kleine Tochter zu
unterhalten und Späße mit ihr zu treiben, der jedoch keine wirklich wichtige Rolle in ihrem Leben spielte, fühlte
sie sich geborgen und sicher, noch weit entfernt von den

Sorgen und Nöten, die sie später einmal plagen sollten. Sie taumelte von angenehmem Luxus umgeben wie im Rausch durch die Welt ihrer Kindheit, einer Welt voller Farben, Geräusche, Düfte und anderer überwältigender Eindrücke und sog genießerisch alles ein, was mit den fünf Sinnen erfahrbar ist. In den *Memoiren* schreibt sie:

> »Ich machte mir das Privileg der Kindheit, für die Schönheit, Luxus und Glück noch eßbare Dinge sind, leidenschaftlich zunutze: in der Rue Vavin blieb ich starr vor Bewunderung in den Anblick der transparenten Fruchtpastenherrlichkeiten und des vielfarbigen Blütenflors der sauren Drops versunken stehen. Ich war ebenso begierig auf ihre Farben, Grün, Rot, Orange und Violett, wie auf das Gaumenvergnügen, das sie mir verhießen. Oft wurde mir das Glück zuteil, daß meine Bewunderung in genießerisches Schwelgen einmündete. Mama zerstampfte Pralinen in einem Mörser, sie mischte die körnig-pudrige Substanz mit einer gelben Creme; das Rosa der süßen Füllungen stufte sich in erlesenen Tönungen darin ab: ich tauchte meinen Löffel in etwas wie Abendröte. An den Abenden, an denen meine Eltern Gäste hatten, vervielfältigten die Spiegel im Salon das Glitzern eines kristallenen Lüsters. Mama setzt sich an den Flügel, eine Dame im Tüllkleid spielte Geige und ein Vetter Cello. Ich zerdrückte zwischen den Zähnen die Schale einer verborgen gehaltenen Frucht, und eine lichtgefüllte Blase zerplatzte mit Johannisbeer- oder Ananas-

geschmack gegen meinen Gaumen: mir gehörten
Farbe und funkelndes Licht, mir die Chiffonschals,
die Diamanten, die Spitzen, mir das ganze Fest. Die
Paradiese, in denen Milch und Honig fließen, haben mich niemals verlockt, aber ich neidete der ›Da-
me Tartine‹ ihr Schlafzimmer, das aus einem Wind-
beutel bestand. Wenn die Welt, in der wir leben,
um und um eßbar wäre, welche Macht besäßen wir
über sie! Als ich erwachsen war, hätte ich am liebsten die blühenden Mandelbäume abgeweidet und
in die Pralinen des Sonnenuntergangs kräftig hin-
eingebissen. Vor dem Himmel von New York kamen mir die Neonreklamen wie riesenhafte Lecke-

reien vor, um die ich mich noch heute betrogen füh-
le.« (*Memoiren* 8f.)

Die Wohnung der Familie Beauvoir befand sich gegenüber
vom *Le Dôme* und über dem Café *La Rotonde,* in dem sich
Simone und ihre jüngere Schwester Poupette, die 1910 ge-
boren wurde, im Alter von 19 beziehungsweise 17 Jahren
häufig aufhielten. Simone liebte diese Wohnung ganz besonders, weil sie genau über den Baumwipfeln und der
Balkon so dicht an der Straße lag. Sie verbrachte Stunden
damit, die Gesichter und Stimmen der Vorübergehenden
zu beobachten und zu studieren.

RUE DE RENNES NR. 71, 6. ARRONDISSEMENT

Im Sommer 1919, als sie elf Jahre alt war, zog Simone
schließlich mit ihrer Familie in eine Wohnung im sech-
sten Stock des Hauses *Rue de Rennes Nr. 71,* im 6. Arrondissement. Diese Wohnung war weniger kostspielig als die
am *Boulevard du Montparnasse.* Der Umzug war wegen eines größeren finanziellen Rückschlages, den die Familie
hatte einstecken müssen, unumgänglich. Die Eltern Beauvoir ließen Simone und ihre Schwester Poupette während der ersten Oktoberhälfte auf dem Land in *La Grillère,* »dem Schloß, auf das die Schwester des Vaters geheiratet
hatte« (*Zehl* 13), um den Kindern den Umzug nicht zu-
muten zu müssen und selbst die notwendigen Vorkehrun-
gen in Ruhe besorgen zu können. (*Memoiren* 80)

Daß sie ihre Wohnung am *Boulevard du Montparnasse* verlassen mußte, zerriß Simone fast das Herz.

»Wir waren umgezogen. Die neue Wohnung stimmte in der Anordnung zwar mit der alten überein und war auch in ganz der gleichen Weise möbliert, aber doch enger und weniger komfortabel. Es gab kein Badezimmer, nur ein einziges Waschkabinett ohne fließendes Wasser; mein Vater leerte alle Tage den schweren Zuber aus, der unter dem Waschbecken stand. Wir hatten keine Heizung: im Winter war die Wohnung eisig, abgesehen von dem Arbeitszimmer, in dem Mama einen kleinen Gaskamin anzündete; sogar im Sommer arbeitete ich stets dort.« (*Memoiren* 93)

Simone und Poupette mußten sich jetzt ein Zimmer teilen, das so klein war, daß es unmöglich war, sich darin aufzuhalten. Es gab keine geräumige Diele mehr, in die sich Simone so gern zurückgezogen hatte, sondern nur noch einen Korridor. Es gab kein einziges kleines Eckchen, das sie für sich als Refugium hätte in Anspruch nehmen können; sie besaß nicht einmal ein Pult, in dem sie ihre Sachen hätte unterbringen können. Im Arbeitszimmer empfing die Mutter Gäste und verbrachte dort auch die Abende mit dem Vater, so daß Simone lernen mußte, ihre Schulaufgaben und ihre Lektionen inmitten einer nie abreißenden Geräuschkulisse zu erledigen.

Der Umzug in die *Rue de Rennes* und die ganz anderen Lebensumstände dort waren jedoch nicht die einzigen Veränderungen, die sich in ihrem Leben vollzogen. Louise, Simones Kindermädchen, heiratete und verließ die Familie. Das neue Kindermädchen hieß Catherine und blieb nicht lange. Wegen ihres Lebenswandels – sie ging zu oft aus – wurde Catherine bald entlassen, was allerdings nicht der einzige Grund war. Ausschlaggebend war auch die immer noch prekäre finanzielle Situation der Beauvoirs, die sich kein Kindermädchen mehr leisten konnten. Die permanenten Geldnöte sorgten für Spannungen zwischen den Eltern, die auch die beiden Töchter zu spüren bekamen und die nicht ohne Auswirkungen auf ihr Verhältnis zueinander blieben. Waren sie bisher immer ein Herz und eine Seele gewesen, hatten fest zusammengehalten und sich gegen ›die Großen‹ verbündet, so bekam ihre Beziehung jetzt einen Knacks. Die beiden Schwestern konkurrierten um die Aufmerksamkeit der Eltern, was mit Sicherheit zu den sowieso vorhandenen Spannungen noch beitrug, die sich auch auf Simones körperliches Befinden auswirkten und bei ihr Schlafstörungen und Schwindelanfälle hervorriefen. Möglicherweise haben auch die nun so viel beengteren Wohnverhältnisse mit dazu beigetragen. Nur eine dünne Wand trennte Simone vom Schlafzimmer ihrer Eltern, in dem sie ihren Vater schnarchen hören konnte. Auf den Mangel an persönlichem Freiraum reagierte sie mit Alpträumen und bedrückenden Angstvorstellungen:

»Ein Mann sprang auf mein Bett, er drückte mir das Knie in den Magen, mir war, als müßte ich ersticken; ich träumte angestrengt, daß ich aufwachte, doch das Gewicht meines Angreifers lastete nur noch mehr auf mir. Zur gleichen Zeit ungefähr wurde das Aufstehen für mich ein so schmerzhaft dramatischer Vorgang, daß meine Kehle schon am Abend vorher, wenn ich nur daran dachte, wie zugeschnürt war und meine Hände sich mit Schweiß bedeckten. Wenn ich am Morgen die Stimme meiner Mutter hörte, wünschte ich mir, ich würde krank, ein solches Grauen empfand ich, sobald ich mich dem einlullenden Dunkel wieder entziehen mußte. Am Tage hatte ich Schwindelanfälle, ich bekam die Bleichsucht.« (*Memoiren* 95)

Ihre Mutter, durch die merkwürdigen Zustände, die ihre Tochter erlitt, beunruhigt, konsultierte den Arzt. Nachdem er Simone eingehend untersucht und die aufgeregte Mutter beruhigt hatte, stellte er lapidar fest: »Das ist das Entwicklungsalter.« Simone mißfiel diese Etikettierung ebenso wie ihr die dahinterstehenden Symptome mißfielen, die ihr so großes körperliches Unwohlsein verursachten.

Während eines Aufenthalts bei Freunden im Juli erwachte Simone eines Morgens und fand ihr Hemd blutig, auch wiederholtes Waschen half nicht. Hilflos fragte sie sich, welche schmähliche Krankheit sie befallen habe. Beunruhigt und halb schuldbewußt wandte sie sich an ihre Mutter, die ihr erklärte, sie sei jetzt ›ein großes Mädchen‹, und die sie mit verschiedenen unbequemen Utensilien ausstattete. Simone war über die Maßen erleichtert, als ihr klar wurde, daß sie selbst keine Schuld an ihrem Zustand traf, und sie verspürte sogar wie jedesmal, wenn ihr etwas Wichtiges widerfuhr, eine Art von Stolz. Ohne allzu verlegen zu sein, nahm sie hin, daß ihre Mutter mit ihren Freundinnen über sie tuschelte. Als sie danach zum ersten Mal wieder mit ihrem Vater zusammen in der *Rue de Rennes* war und dieser einen Scherz über ihren Zustand wagte, versank sie jedoch vor Scham fast im Erdboden. Sie hatte darauf gehofft, daß alle Frauen sich einander solidarisch erklärten und den Männern diesen geheimen Makel verschwiegen. Ihrem Vater gegenüber hatte sie sich immer als reines Geistwesen gefühlt, und die Vorstellung, daß er sie nun plötzlich als organisches Geschöpf betrachtete, erfüllte sie mit Grauen. Sie kam sich »gesunken« vor. (*Memoiren* 96f.)

Der Großvater starb Ende des Herbstes nach einem schier endlosen Todeskampf. Simones Mutter hüllte sich in Krepp und ließ Simones Kleider schwarz färben. In dieser Friedhofslivree fühlte sie sich häßlich und isoliert. Diese schmuck- und freudlose Tracht gab ihr das Gefühl, endgültig zu einer strengen Lebensweise verpflichtet zu sein, die sie niederdrückte. Am *Boulevard Saint-Michel* konnte sie beobachten, wie die jungen Männer und Mädchen in Scharen auf und ab flanierten und zusammen lachten: sie gingen ins Café, ins Theater, ins Kino.

Ganz anders Simone: Wenn sie den ganzen Tag über an wissenschaftlichen Arbeiten gesessen und Catull übersetzt hatte, löste sie am Abend mathematische Aufgaben. Simone sollte nicht das übliche Schicksal eines bürgerlichen Mädchens, nämlich geheiratet zu werden, teilen. Ihre Eltern brachen mit alten Gewohnheiten. Sie gestatteten ihrer Tochter, eine berufliche Laufbahn einzuschlagen. Trotzdem mußte sich Simone fügen. Weder durfte sie allein ausgehen, noch ersparte man ihr die als lästig empfundenen Familienverpflichtungen. (*Memoiren* 168)

Simone fühlte sich einsam und unglücklich. Die unsichtbaren und ungreifbaren Schranken, die ihr das gemeinsame Leben mit ihren Eltern auferlegte, empfand sie als unerträglich. So träumte sie von einer Freiheit, die in noch unerreichbarer Ferne schien.

Wenn die Eltern zum Essen ausgegangen waren, stürzte sie mit ihrer Schwester alsbald auf die Straße, und die beiden Mädchen tauchten ein in das lebhafte Treiben, das Gedränge und Geschiebe der Menschenmassen. Ziellos durchstreiften sie die Umgebung und versuchten einen Widerhall der Musik, einen Abglanz vom Strahlen der großen Feste einzufangen, von denen sie bislang noch ausgeschlossen waren.

Im Gegensatz zu den großen Versprechen von Freiheit und Abenteuer, welche die Straßen der Stadt zu bergen schienen, empfand Simone ihr Heim als Gefängnis, in dem sie es kaum noch aushielt.

»[...] dieses Gefängnis hatte keine Gitterstäbe, ich sah nicht, wo und wie ich mir daraus einen Ausweg verschaffen konnte. Vielleicht gab es einen; aber wo? Und wann würde ich ihn finden? Jeden Abend trug ich den Mülleimer hinunter; während ich Gemüsereste, Asche und altes Papier in den Kasten leerte, befragte ich das Himmelsviereck über dem Hof; ich blieb vor dem Eingang des Hauses stehen. Schaufenster leuchteten, Autos flitzten auf der Fahrbahn vorbei; Passanten gingen vorüber; draußen war die Nacht von Leben erfüllt. Ich stieg die Treppe wieder hinauf, während ich widerstrebend meine Finger um den ein wenig fettigen Griff des Mülleimers schloß.« (*Memoiren* 169)

AVENUE DENFERT-ROCHEREAU NR. 91,
14. ARRONDISSEMENT

Um der beklemmenden Enge des elterlichen Hauses und der Aufdringlichkeit ihrer Mutter zu entkommen (*Tagebücher* 1929), zog Simone de Beauvoir im September 1929, inzwischen 21 Jahre alt, in ein Zimmer im Haus ihrer Großmutter. Anders als ihre Mutter respektierte die Großmutter Simone de Beauvoirs Privatsphäre vollkommen. Sie wollte jetzt endlich die Freiheit genießen, nach der es sie seit dem Umzug in die *Rue de Rennes* so sehr verlangt hatte. (*Jahren* 13) Wovon sie so lange geträumt hatte, war nun in Erfüllung gegangen. Das Zimmer bei der Großmutter war nun ihr eigenes Reich, das sie ganz für sich allein hatte und das sie mit niemandem teilen mußte.

»Hier ist mein Zimmer mit dem Gemälde von Michelangelo, das Lama mir gegeben hat, die Blumen von Stépha und die Zeichnungen von meinen Freunden. Hier sind meine Kleider, meine Zigaretten, mein Gesicht. Alles davon habe ich selbst gewählt, alles habe ich selbst ausgesucht. Hier bin ich mir plötzlich bewußt darüber, frei und jung und eine Frau zu sein.« (*Tagebücher,* 4. November 1929)

Umsichtig und rücksichtsvoll hatte die Großmutter aus ihrem Salon sämtliches Mobiliar und etwaige Dekorationen und Accessoires entfernt, für die eine junge Frau, wie sie wahrscheinlich ganz richtig vermutete, wenig Verwendung haben würde. In der Tat hatte Simone für ihre eigene Erstausstattung Möbel aus unbehandeltem Holz gekauft, denen sie zusammen mit ihrer Schwester den letzten Schliff gab, indem sie sie braun beizte. Die Einrichtung bestand nun aus einem Tisch, zwei Stühlen, einer großen Truhe, die vielseitig als Sitzmöbel und Rumpelkammer eingesetzt wurde, Bücherregalen und einem Sofa, das mit der orangefarbenen Tapete harmonierte, mit der die Wände tapeziert wurden. In vollen Zügen kostete Simone den neuerrungenen Luxus eines eigenen Zimmers aus:

> »Auf meinem Balkon im fünften Stock thronte ich hoch über den Platanen der Rue Denfert-Rochereau und dem Löwen von Belfort. Als Heizung diente mir ein roter Petroleumofen, der sehr schlecht roch: mir schien, als verteidige dieser Geruch meine Einsamkeit, und ich mochte ihn gern.« (*Jahren* 13)

Die Einrichtung der Zimmer, die Simone de Beauvoir im Laufe der nächsten Jahre noch bewohnen sollte, war für sie zunächst nicht von Belang. Das Wissen darum, daß sie auch wirklich alleine war, sobald sie die Tür hinter sich schloß, und von niemandem gestört werden würde, reichte vollkommen aus, um sie glücklich zu machen.

In ihrem neuen Heim genoß sie wegen der familiären Beziehung zur Vermieterin nicht unbedingt Privilegien, sondern zahlte genau wie die anderen Pensionäre eine Miete an ihre Großmutter. Dafür wurde sie aber auch mit der gleichen Diskretion behandelt: niemand beaufsichtigte ihr Kommen und Gehen, niemand mischte sich in ihren Haushalt ein, niemand versuchte ihr vorzuschreiben, wie sie ihre Tage zu gestalten hatte. (*Jahren* 13f.)

In der *Avenue Denfert-Rochereau* blieb Simone de Beauvoir etwa bis Oktober 1931. Wärend dieser Jahre bekam sie häufig Besuch von ihren Freunden, darunter Stépha, Zaza, José, Poupette, Olga, Jacques, Maheu, Nizan, Merleau-Ponty, Riquet und Sartre, mit dem sie 1929 Bekanntschaft gemacht hatte und mit dem sie eine lebenslange Freundschaft verbinden sollte. (*Tagebücher,* 1929-1931)

Hôtel Royal Bretagne, Rue de la Gâité Nr. 11 A, 14. Arrondissement

Simone de Beauvoir arbeitete von 1936 bis 1939 als Lehrerin am *Lycée Molière,* das etwas außerhalb von Paris in Passy lag. Da sie aber mit ganzem Herzen an Paris hing und es liebte, am Brennpunkt des Geschehens inmitten der Großstadt zu wohnen, wollte sie unbedingt in Paris bleiben, und nahm daher die tägliche Anfahrt zum *Lycée Molière* auf sich. Die nun anstehende Frage war: Wohnung oder Hotel?

Im vorhergehenden Jahr war eine Bekannte in eine Dreizimmerwohnung gezogen. Davon angeregt spielte auch Simone de Beauvoir mit dem Gedanken, sich ein kleines Appartement zu suchen, das sie nach ihren eigenen Vorstellungen und ihrem eigenen Geschmack ausstatten könnte. Sie war zu jener Zeit »nicht unbedingt darauf versessen, Bohème zu spielen« (*Jahren* 238), und die alte Sehnsucht nach einem eigenen, ganz ihren Wünschen entsprechenden Reich war wieder da. Dagegen sprach allerdings, daß sie anscheinend keine große Lust verspürte, sich bei einer Wohnungssuche mit irgendwelchen Vermittlungsagenturen auseinandersetzen zu müssen, geschweige

denn womöglich auch noch umziehen zu müssen. Abgesehen davon war das schwerwiegendste und eigentlich auch unüberwindliche Problem die Finanzierung eines solchen Vorhabens: Simone de Beauvoir verfügte zu diesem Zeitpunkt offensichtlich über sowenig Geld, daß sie gar nicht in der Lage gewesen wäre, sich überhaupt die notwendigen Möbel zu beschaffen. Daher entschied sie sich für ein Hotel, was, auch wenn es uns heute unvorstellbar erscheint, in jenen Tagen offensichtlich die günstigste und bequemste Lösung darstellte.

»Das Hotel nahm mir alle Sorgen ab. Es machte mir nichts aus, daß ich nur über ein Zimmer verfügte und daß es reizlos war. Ich hatte ja Paris, seine Straßen, seine Plätze, seine Cafés.« (*Jahren* 238)

Ein großer Teil ihres Lebens spielte sich ganz einfach in den Straßen von Paris ab, beziehungsweise in nahegelegenen Cafés, in die sie zum Arbeiten und zum Essen ging, aber auch, um ihre Freunde zu treffen.

Marcos Hôtel

Der Aufenthalt im *Hôtel Royal Bretagne* wurde im März 1937 durch eine plötzlich ausbrechende schwere Lungenerkrankung abrupt beendet.

Es erwischte Simone de Beauvoir bei einem Treffen mit ihrem Freund Bost in einem ihrer favorisierten Cafés, dem *Sélect*. Sie verließ umgehend das Café und verbrachte die Nacht von Fieber geschüttelt in ihrem Bett im *Royal Bretagne,* das sie auch am nächsten Tag nicht verließ. Als am Morgen darauf keine Besserung eingetreten war, konsultierte Sartre einen Arzt, der Beauvoir schließlich, nachdem zwei weitere Tage verstrichen waren und sie sich immer noch elend fühlte, ins Krankenhaus schickte, worüber sie todunglücklich war. Sie empfand den Sieg der Krankheit über ihren Körper als persönliche Niederlage. Noch schlimmer aber war die Erfahrung, daß ihr genausogut zustoßen konnte, was jedem anderen hätte auch zustoßen können, daß die Einzigartigkeit ihres Selbst für den Nächsten genauso zutraf, »daß diese Einzigartigkeit sich bei jedermann findet und daß man eine Zahl aus der Statistik ist. [...] Wie alle anderen war ich für alle anderen eine andere.« (*Jahren* 249)

Im Krankenhaus kurierte Beauvoir ihre Lungentzündung aus, fast jeden Tag bekam sie Besuch von ihrer Mutter, von

Sartre, ihrer Schwester und von ihren Freunden Bost und Olga. Ihre Schülerinnen schickten ihr sogar Blumen.

Sartre wollte nicht, daß sie nach ihrer vorläufigen Wiederherstellung zurück in das recht spartanische *Royal Bretagne* ging, sondern in ein geräumigeres und bequemeres Hotel, das ihr bis zu ihrer vollständigen Genesung mehr Komfort bieten sollte, und er besorgte ihr ein Zimmer in *Marcos Hôtel.* Dort kehrte aber noch lange nicht wieder der Alltag ein.

> »Ich hütete noch immer das Bett, aber wie froh war ich, aus dem Krankenhaus heraus zu sein! Es waren Osterferien, um die Mittagszeit holte Sartre mir im ›Coupole‹ eine Portion Tagesgericht, die er mit kleinen Schritten bis in mein Zimmer brachte, bemüht, nichts zu verschütten. Abends aß ich Schinken und Früchte, ich kam wieder zu Kräften.« (*Jahren* 250)

Wie man sich angesichts ihres Freiheitsdranges leicht denken kann, war das, was andere Menschen vielleicht als besondere Zuwendung genossen hätten, für Beauvoir eher eine Zerreißprobe. Daß sie nicht selbst steuern und sich aussuchen konnte, wen sie als Besuch empfangen wollte, mißfiel ihr zutiefst: Sie fühlte sich ausgeliefert. (*Jahren* 250)

HÔTEL MISTRAL, RUE CELS NR. 24, 14. ARRONDISSEMENT

Lange blieb Beauvoir nicht in *Marcos Hôtel,* das ja von vornherein auch nur als Übergangsdomicil gedacht gewe-

sen war. Nachdem sie von
ihrer Lungenentzündung
so weit genesen war, daß
sie wieder reisen konnte,
war sie auf Anraten ihrer
Ärzte zur Rekonvaleszenz
in den Süden Frankreichs
gereist, nach Borme-les-
Mimosas. (*Jahren* 251)
Die Entfernung über-
brückten Sartre und Beau-
voir, wie sie es so oft schon
getan hatten, mit Briefen.
Nach einer Griechenland-

reise, die sie gemeinsam unternommen hatten, nachdem
Beauvoir von ihrer Erholungsreise wieder in Paris ange-
kommen war, zogen sie gemeinsam in das *Hôtel Mistral*.

»Sartre hatte es ausfindig gemacht, während ich
mich in der Provence erholte. Es lag zwischen der
Avenue du Maine und dem Friedhof Montparnasse. Ich hatte ein Sofa, Bücherregale und einen
Schreibtisch, an dem es sich gut arbeiten ließ. Ich
nahm neue Gewohnheiten an. Morgens trank ich
im Stehen Kaffee und aß Hörnchen an der Theke
eines lärmenden, rötlich getünchten Lokals ›Les
Trois Mousquetaires‹. Oft arbeitete ich in meinem
Zimmer.« (*Jahren* 268)

Sartre wohnte nicht etwa gleich nebenan, wie man annehm-
men könnte, sondern eine ganze Etage tiefer. Da sie nicht

im selben und noch nicht einmal im Nachbarzimmer wohnten, hatten sie, wie Beauvoir sagte, »alle Vorteile eines Lebens zu zweit und keine seiner Unannehmlichkeiten«. Sie freuten sich sehr darüber, daß sie nun endlich beide in Paris lebten und dazu auch noch in demselben Haus. Es waren keine Zugreisen und kein Warten auf Bahnhöfen mehr vonnöten, um einander zu sehen. Während dieser Zeit begann sie mit der Arbeit an ihrem ersten Roman, *L' invitée.* (*Jahren* 268)

Ins *Hôtel Mistral* kehrte Beauvoir auch später während des Krieges wieder zurück, nachdem sie zuvor häufiger wegen des Kriegsausbruches umgezogen war. Die finanzielle Situation war in Kriegszeiten noch prekärer geworden, als sie ohnehin schon war. Trotzdem fühlten sich Simone de Beauvoir und Sartre gegenüber Freunden, die sich in Notlagen befanden, verpflichtet, ihnen finanzielle Unterstützung zukommen zu lassen. Als sich zum Beispiel ihre Freundin Lise von ihrem Freund, André Moreau, trennte, mußte sie sich nach einer neuen Wohnung umsehen, weil es für sie nicht in Frage kam, zu ihren Eltern zurückzukehren. Beauvoir und Sartre halfen ihr so gut sie es vermochten, sich in einem etwas heruntergekommenen Hotel in der Rue Delambre einzurichten. Ebenso unterstützten sie Olga, Wanda und Bost, die sich mehr schlecht als recht über Wasser hielten.

Auf das gewohnte Essen in Restaurants mußten Beauvoir und Sartre in dieser Zeit verzichten. Diesem Verzicht begegnete Beauvoir allerdings nicht ohne Erfindungsgeist.

»Ich mietete im Hôtel Mistral ein Zimmer mit Küche. Aus dem Atelier meiner Schwester holte ich mir einen Topf, einen Tiegel und Geschirr, und von nun an brutzelte ich alle unsere Mahlzeiten selbst; Bost war häufig zu Gast. Die Hausfrauenarbeit sagte mir wenig zu, und um mich damit abzufinden, griff ich zu einem bewährten Mittel. Ich erhob die Nahrungssorgen in den Rang einer Manie, in der ich drei Jahre lang verharrte.« (*Jahren* 430f.)

Aufmerksam wie ein Schießhund verfolgte Beauvoir die Markenausgabe und nutzte jede einzelne restlos aus, nie ließ sie auch nur eine von ihnen verfallen. Wenn sie durch die Straßen von Paris lief, hielt sie immer die Augen offen, ob nicht vielleicht hinter den mit Attrappen dekorierten Schaufenstern Lebensmittel zu entdecken waren, die man ohne Marken erwerben konnte. Erstaunlicherweise deprimierte Beauvoir diese Form der Nahrungsjagd nicht, sondern sie betrachtete sie als eine Art aufregendes Spiel, als Entdeckungsreise. Zu jedem Fund gratulierte sie sich und betrachtete ihn als weiteren Teilsieg im Kampf ums Überleben.

Die erste selbstgekochte Mahlzeit, die Beauvoir in ihrem Zimmer servierte, bestand denn auch aus einem ihrer Funde, »aus einem Rübentopf, den ich mit einem Bouillonwürfel veredelt hatte«. (*Jahren* 431) Sartre, der sehr genügsam war, was Essen anging, und dem es auch nicht so arg zusetzte, wenn er einmal eine Mahlzeit ausließ, versicherte Beauvoir, daß das Essen durchaus eßbar sei. Beauvoir selbst hingegen, die schon seit ihrer Kindheit sehr empfindlich auf bestimmte Nahrungsmittel reagierte und teils sogar allergische Reaktionen hatte, litt stärker unter den Einschränkungen, die ihnen der Krieg auferlegte. Um sich gegen drohende Hungerattacken zu schützen, begann sie leidenschaftlich zu hamstern.

»Ich fand eines der Lieblingsschemata meiner Kinderspiele wieder: die Einführung strenger Planwirtschaft bei Knappheit der Mittel. Ich betrachtete meine Schätze, ich teilte sie mit Blicken in Tagesrationen ein. In einem Schrank hielt ich nichts Geringeres als die Zukunft verschlossen. Kein Krümchen verschwenden – ich begriff den Geiz und seine Freuden.« (*Jahren* 431)

Diesen neuartigen Zeitvertreib, der sie in der Tat von ihrer intellektuellen Tätigkeit, vom Lesen und Schreiben, abhielt, empfand sie alles andere als lästig. Wenn sie in ihrem Zimmer im *Mistral* das Essen vorbereitete, traf sie sich mit Freunden, die ihr gerne dabei halfen. Auf diese Weise zog sie selbst aus den unglücklichen und eigentlich deprimierenden Umständen des Krieges einen sinnlichen Genuß.

»Das Zubereiten der Gerichte brachte ich schnell hinter mich; die Küchenalchimie dagegen machte mir Spaß. Ich erinnere mich an einen Nachmittag, Anfang Dezember, an dem die Sperrstunde – wegen eines Attentates war sie auf sechs Uhr festgesetzt – mich in meinem Zimmer festhielt. Ich schrieb. Auf dem Ofen kochte eine Gemüsesuppe, die gut roch. Dieser einladende Duft, das Zischen des Gases leisteten mir Gesellschaft. Ich gehörte nicht zur Zunft der Hausfrauen, gewann aber einen Einblick in ihre Freuden.« (*Jahren* 431)

Als Simone de Beauvoir 1942 einmal eine längere Sommerreise unternahm, dachte die Hotelwirtin, daß sie das Hotel für immer verlassen hätte und vermietete es an jemand anderen, so daß Beauvoir, als sie im Herbst wiederkam, mehrere Tage nach einer neuen Bleibe, die ebenfalls eine Küche hatte, suchen mußte. Tatsächlich fand sie ein Hotel in der *Rue Dauphine Nr. 6* im 6. Arrondissement, und sie bewältigte den Umzug mit einem geborgten Handkarren. Allerdings lagen die Räumlichkeiten des Hotels bei weitem unter allen Standards, die Beauvoir von ihren anderen Behausungen gewohnt war. Jedoch blieb ihr nichts anderes übrig, als sich für eine Weile mit diesen Umständen zu arrangieren. (*Jahren* 450).

> »[Es] war ein Dreckloch – ein eisernes Bett, ein Schrank, ein Tisch, zwei Holzstühle zwischen abgeblätterten Mauern, an der Decke eine kümmerliche gelbe Beleuchtung. Die Küche diente als Toilette.« (*Jahren* 450)

HÔTEL CHAPLAIN, RUE J. CHAPLAIN, 6. ARRONDISSEMENT

Nach einigen weiteren Hotelwechseln, die durch die Unruhen und Gefahren, die der Krieg mit sich brachte, notwendig gewesen waren, bezog Beauvoir schließlich das *Hôtel Chaplain*. Sie war aus dem *Hôtel La Louisiane* aufgrund

35

von Schießereien in allernächster Nähe geflüchtet. Mittlerweile stand die Befreiung von Paris unmittelbar bevor.

»Am Abend begleiteten Zette und Michel mich per Rad zum Hôtel Chaplain, wo wir auch Sartre wiedertrafen. Während wir eine Büchse Ölsardinen öffneten, kam eine Hausiererin die Rue Bréa herunter und schob eine Wagenladung Tomaten vor sich her. Alles stürzte sich auf sie.« (*Jahren* 506)

In der Nacht gab es ein Gewitter. Morgens verließ Beauvoir zusammen mit Sartre das Hotel, um zu sehen, was vor sich ging. Die Deutschen hatten um Waffenruhe gebeten. Die Atmosphäre war angespannt. Man sprach davon, daß die Division Leclerc kaum noch sechs Kilometer von Paris entfernt sei, woraufhin Trikoloren und Bänder in den französischen Farben aus allen Fenstern gehängt wurden.

»An der Kreuzung Buci war jedoch auf Hausfrauen geschossen worden, die gerade beim Einkaufen waren. Die F.F.I. umzingelten ein Haus in der Rue de Seine und hoben eine Bande Japaner aus, die sich auf dem Dach eingenistet hatten. Wir strichen den ganzen Tag im Viertel umher.« (*Jahren* 506)

Nachmittags erschienen Lautsprecherwagen auf dem Boulevard und verkündeten offiziell, daß die Kämpfe nunmehr beendet seien und daß die Deutschen Paris verlassen und eine bestimmte Anzahl Gefangene freilassen sollten. Es wurde jedoch weiterhin gemunkelt, daß es bei den Gobelins auf der *Place d'Italie* und in anderen Stadtvierteln immer noch Schießereien gäbe.

»Am Abend flanierte eine ratlose Menge auf der Place Saint-Germain-des Prés auf und ab. Eine ältere, sichtlich übermüdete Frau, die ihr Fahrrad vor sich herschob, rief uns zu: ›Beim ersten Schuß bombardieren die Deutschen Paris, die Kanonen sind aufgefahren. Bitte weitersagen.‹ Sie setzte ihren Weg fort und wiederholte mit erschöpfter Stimme ihre Botschaft. War sie eine Agentin der fünften Kolonne oder eine Verrückte? Niemand achtete auf sie.« (*Jahren* 507)

Die unheilschwangere Prophezeiung dieser Frau paßte gut zu der Stimmung des Tages, der noch nicht vorüber war. Es konnte noch vieles geschehen.

Am Morgen darauf machte Sartre sich auf den Weg in die *Comédie Française,* und Beauvoir ging zu Freunden, den Leiris. Sie traf Zette und ihre Freundin, die in einer Kantine in der *Rue Saint-André-des-Arts* für die Organisation der Aufständischen F.F.I. kochte. Die Kämpfe hatten wieder begonnen, und die Ruhe des Vormittags war trügerisch: Zwar sah man Leute, die am Seineufer angelten und einige, die sich im Badeanzug sonnten, aber die F.F.I.-Kämpfer verbargen sich bei den Kais, in Nachbargebäuden, an der *Place Saint-Michel* und auf den Treppen der Metro-Station.

Ein deutscher Lastwagen, in dem zwei junge Soldaten mit der Maschinenpistole im Anschlag standen, fuhr vorbei. Nur einige Meter weiter wartete schon der Tod auf sie. Ein Feuerstoß ließ sie zusammenbrechen. Mitglieder der F.F.I. fuhren auf Fahrrädern an den Kais entlang und fragten ihre unsichtbaren Kameraden nach Munition. Erneut fuhren deutsche Lastwagen und Panzer vorbei. Die Freundin Zettes ging für eine Weile fort, und als sie wiederkam, teilte sie Simone de Beauvoir und Zette mit, daß die Markthallen, Telefonämter und der *Gare de l'Est* in der Gewalt der Aufständischen seien; auch die Druckereien und die verlassenen Räumlichkeiten der Kollaborationspresse wären von ihnen besetzt. *Combat* und *Liberation,* beides Zeitschriften der Aufständischen, würden verkauft. Allerdings brachte sie auch das beunruhigende Gerücht, daß deutsche Panzer im Anrollen seien, die die Häuser am Kai beschossen. Beauvoirs Freundin nahm diese Nachricht gelassen auf und hatte damit recht, denn nichts geschah. Spät am Nachmittag machte sich Simone de Beauvoir wieder auf den Rückweg.

»Ich hatte mich entschlossen, ins Hôtel Chaplain zu ziehen, denn die Luft in der Rue de Seine [wo sich das Hôtel Louisiane befand, das sie bis dahin bewohnt hatte] war wirklich ungesund. Immer, wenn deutsche Panzer das Senatsgebäude verließen, feuerten sie in die Straße. Ich wollte mir trotzdem noch einige Sachen und ein paar Kartoffeln holen. Es wurde eine lange Expedition. An der Ecke Rue Saint-André-des-Arts waren Blutlachen, überall pfiffen Kugeln. Die F.F.I. hielten die Passanten an: ›Stehenbleiben!‹ Plötzlich schrien sie ›Weiter!‹, und man lief hastig über die Straße.« (*Jahren* 506f.)

RUE DE LA BÛCHERIE, NR. 11,
5. ARRONDISSEMENT

Ende Oktober 1948 hatte Simone de Beauvoir das Hotel-
leben gründlich satt, da sie sich mit zunehmender Popu-
larität nicht ausreichend vor den Journalisten und vor In-
diskretionen geschützt fühlte. Freunde wußten von einem
möblierten Zimmer in der *Rue de la Bûcherie,* wo sie selbst
gewohnt hatten.

»Im Oktober zog ich ein, hängte rote Gardinen an
die Fenster, kaufte Stehlampen aus grüner Bronze,
die Giacomettis Bruder nach seinen Entwürfen an-
gefertigt hatte. An den Wänden und an den dicken

39

Deckenbalken hängte ich die Gegenstände auf, die ich von meinen Reisen mitgebracht hatte. Eines der Fenster ging auf die Rue de l'Hôtel-Colbert, die auf die Quais mündet: Ich konnte die Seine, Efeu, Bäume und Nôtre-Dame sehen.« (*Dinge* 164)

Vom anderen Fenster aus blickte sie auf ein Hotel, das von Nordafrikanern bewohnt wurde und in dessen Erdgeschoß sich das *Café des Amis* befand, wo täglich Prügeleien stattfanden. Vor Langeweile mußte sie sich hier gewiß nicht fürchten. Wenn sie sich ans Fenster stellte, hatte sie reichlich Unterhaltung, die allerdings nicht immer angenehm gewesen sein dürfte.

Wenn der Morgen anbrach, kamen die Lumpensammler der Umgebung angeschlurft, die dem Aufkäufer des Viertels massenhaft alte Zeitungen brachten, die zum Transport in Kinderwagen verstaut waren. Auf den Bürgersteigen spielte sich das alltägliche Leben der Clochards ab: Sie tranken den Rotwein gleich flaschenweise, sangen und tanzten miteinander, sie sprachen mit sich selbst und stritten sich aufs lebhafteste.

Einige Meter oberhalb ihres Hauses belebten ganz andere Kreaturen die Stadt: streunende Katzen bevölkerten die umliegenden Dächer rudelweise. In der Nähe von Beauvoirs neuer Wohnung gab es zwei Tierärzte, zu denen alle Haustiere der näheren Umgebung gebracht wurden. Das Viertel war von Hundegebell erfüllt:

»Bei der Klinik Patronnée par le Duc de Windsor fing es an, reichte bis zur Loge der Hausmeisterin, die einen großen schwarzen Hund besaß, und ver-

schonte auch mein Stockwerk nicht: Betty Stern, die Tochter des Theateragenten, die mir gegenüber wohnte, hatte vier Hunde. Jeder kannte jeden.«
(*Dinge* 164)

Die Concierge, eine lebhafte, magere kleine Frau, half Simone de Beauvoir beim Aufräumen, und Betty, die Marlene Dietrich und Max Reinhardt sehr gut gekannt hatte, unterhielt sich oft mit ihr. Unter Betty wohnte eine Filmcutterin, die ihre Wohnung eine Weile später Bost überließ. Über Beauvoir wohnte eine Schneiderin, deren Dienste sie dann und wann in Anspruch nahm. Auch wenn das Haus weder innen noch außen eine reine Augenweide war, so fühlte sich Simone de Beauvoir in ihrem neuen Heim sehr wohl. Dort verbrachte sie die meisten Abende, weil ihr in den Cafés mittlerweile zu viele Leute lästig fielen. (*Dinge* 164f.)

Nachdem sie einige Zeit glücklich dort gelebt hatte, wurde sie eines Nachts durch ein lautes Trommeln geweckt. Als sie Licht machte, stellte sie fest, daß von der Zimmerdecke dicke Wassertropfen auf das Leder eines Fauteuils fielen. Sie beschwerte sich bei der Concierge, die den Verwalter ansprach, der wiederum die Besitzerin benachrichtigte. Währenddessen regnete es ohne Unterlaß in Beauvoirs Zimmer, wo im Laufe der Zeit langsam aber stetig alle Gegenstände dem Schimmel anheim fielen.

Als Lanzmann sie besuchte, mit dem sie zu diesem Zeitpunkt eine Affäre hatte, quollen Möbel und Fußboden vor Büchern und Zeitschriften über. Zwar war es noch möglich, in dem Raum zu arbeiten und zu schlafen, es sich aber dort gemütlich zu machen war unmöglich.

Beauvoir und Sartre trafen sich genauso oft wie früher, änderten aber einige ihrer Gewohnheiten. Nachdem Simone de Beauvoirs Wohnung sich ständig in einem Zustand mehr oder minder schwerer Überschwemmung befand, ging sie mit Sartre zum Essen, Plaudern und Trinken in die *Palette* am *Boulevard Mont-*

martre und manchmal auch in den *Falstaff.* Häufig besuchte sie auch das *Bar-Restaurant de la Bûcherie* mit Lanzmann oder Olga. Die meisten ihrer Verabredungen traf sie in diesem Lokal, wo Linksintellektuelle verkehrten. Durch das große Fenster konnte man *Notre-Dame* und etwas Grün sehen, drinnen Bachs Brandenburgische Konzerte hören, die gedämpft aus einem Grammophon drangen.

Am wohlsten fühlten sich Beauvoir und Sartre in der kleinen Runde, die sich in der *Rue de la Bûcherie* an Silvester traf, wo sich Olga und Bost, Wanda, Michelle und Lanzmann einfanden. Beauvoir empfand ein so tiefes Einverständnis mit ihnen allen, daß ihr »ein Lächeln so viel wert war wie eine Diskussion: so wurde die Unterhaltung zum amüsantesten aller Gesellschaftsspiele« (*Dinge* 277f.). Fehlte dieses stillschweigende Einverständnis, wurden Zusammenkünfte von ihr mittlerweile als Belastung empfunden.

»Ich hatte den Geschmack an flüchtigen Begegnungen verloren. Als mir Monique Lange vorschlug, einen Abend mit Faulkner zu verbringen, lehnte ich ab. An dem Abend, als Sartre und Michelle mit Picasso und Chaplin, den ich in den USA kennengelernt hatte, essen gingen, sah ich mir lieber zusammen mit Lanzmann *Rampenlicht* an.« (*Dinge* 277f.)

RUE SCHŒLCHER, NR. 11A, 14. ARRONDISSEMENT

Von dem Geld, daß sie Ende 1954 mit dem Prix Goncourt gewonnen hatte, kaufte sich Simone de Beauvoir im September 1955 ein Atelier und richtete es gemeinsam mit Lanzmann ein. Nach ihrer Rückkehr aus China zog sie mit ihm dort ein. Besonders gut gefiel ihr der große Parterreraum mit der hohen Decke, der hell und farbenfroh war.

»Durch das Fenster sieht man eine mit Efeu bedeckte Mauer und dahinter den weiten Himmel. Vom ersten Stockwerk aus, zu dem eine Innentreppe hinaufführt, blickt man auf den Friedhof von Montparnasse, auf die niedrigen Dächer der Grabkapellen, auf die menschenleeren Alleen. Hier und dort leuchtet das Rot eines Blumenstraußes zwischen den Steinen. Vielleicht lag es an der Nachbarschaft, ganz sicher aber an meiner Vorliebe für das Definitive: Als ich mich zum erstenmal in meiner Behausung schlafen legte, dachte ich: ›Das wird mein Sterbebett sein.‹« (*Dinge* 332)
Immer wieder machte Simone de Beauvoir sich Gedanken darüber, daß sie in diesem Atelier ihre letzten Tage ver-

bringen würde und daß ihre Verwandten dort nach ihrem Tod ihre Papiere sortieren und die Wohnung würden leerräumen müssen. Die Tatsache, daß die Wohnung sie selbst überdauern würde, und die Gewißheit, eines Tages sterben zu müssen, erfüllte sie mit einer tiefen Wehmut und Trauer, so als hätte sie vom Tod einer nahen Freundin erfahren.

»Aber wenn ich mich aus dem Fenster des ersten Stockwerks lehne, denke ich nicht mehr an die Zukunft und gebe mich dem Augenblick hin. Oft schaue ich mir den Sonnenuntergang an und warte, bis die Nacht hereinbricht. Unter dem Laub der Rue Froidevaux flammt das Rotlicht der Zigarre eines café-tabac und der Verkehrsampeln einer Kreuzung auf, während der Eiffelturm seine Strahlen über Paris fegen läßt. Im Winter, in den frühen Morgenstunden, wenn es noch ganz finster ist, werden die hochgelegenen Fenster zuerst gelb, orangefarben und dann dunkelrot. Im Sommer aber, gegen fünf Uhr morgens, nehme ich mir zwischen zwei Schlummerstunden die Zeit, den erwachenden Tag zu genießen, wenn sich am graublauen Himmel schon die drückende Hitze ankündigt. Die Bäume, die sich über den Grabsteinen ausbreiten, der Efeu, der sich an der Mauer hochrankt, strömen einen herben und dumpfen Geruch aus, der sich mit dem Duft der auf einem benachbarten Platz blühenden Linden und mit dem Gesang der Vögel vermischt. Ich bin zehn Jahre alt, und es ist der Tag von Meyrignac. Ich bin dreißig Jahre alt und werde jetzt zu Fuß über Land wandern. Das ist vorbei: aber dieser Geruch hat mir wenigstens das flüsternde Echo der Vergangenheit als auch eine verworrene Hoffnung beschert.« (*Dinge* 332)

Schulen und Universitäten

Cours Désir, Rue Jacob Nr. 6,
6. Arrondissement

Im Oktober 1913, als Simone de Beauvoir fünfeinhalb Jahre alt war, beschlossen ihre Eltern, sie in die Privatschule *Cours Désir* zu schicken. Mademoiselle Fayet, die Unterstufenleiterin, nahm Simone und ihre Mutter feierlich in Empfang. Während sie mit der Mutter sprach, streichelte sie Simones Kopf und verkündete, sie wären keine Lehrerinnen, sondern Erzieherinnen. Der kleinen Simone, die schon damals die Auseinandersetzung langweiliger Harmonie vorzog, erschien Mademoiselle zu glatt. Doch weder Mademoiselle Fayets Persönlichkeit noch die Bemerkung von Louise, dem Kindermädchen, sie werde die Schule nicht immer so amüsant finden, konnten ihre Vorfreude auf das Schülerdasein dämpfen. Sie war berauscht von der Aussicht auf ein eigenes Leben, unabhängig von den Erwachsenen, die bis dahin ihren Tagesablauf organisiert hatten.

> »Von nun an aber würde ich meine Schultasche, meine Bücher und Hefte, meine Aufgaben haben; meine Wochen und Tage würden nach meinem eigenen Stundenplan ihre Einteilung erhalten; ich meinte eine Zukunft vor mir zu sehen, die, anstatt mich von mir selbst zu entfernen, einen festen Platz in meinem Gedächtnis einnehmen würde: von Jahr

zu Jahr würde ich immer reicher werden, aber dem
kleinen Schulmädchen, dessen Geburtsstunde in
diesem Augenblick schlug, dennoch die Treue bewahren.« (*Memoiren* 22f.)

Nur für kurze Zeit verlief das neue Leben an der Schule
störungsfrei. Schon etwa ein halbes Jahr nachdem Simone eingeschult worden war, brach der Erste Weltkrieg aus,
und ein Teil des *Cours Désir* wurde in ein Lazarett um-
funktioniert. Während dieser Zeit waren die Schulkorri-
dore von einem Duftgemisch aus Medikamenten und Boh-
nerwachs erfüllt.

Simone erlebte die verheerenden Auswirkungen des Krieges auf die menschliche Seele hautnah, als ein kleines
Flüchtlingsmädchen in ihre Klasse kam. Von der plötzli-

chen Flucht verstört, litt sie an nervösen Ticks und stot-
terte. Simone wurde viel über Flüchtlingskinder erzählt,
und in kindlichem Mitleid machte sie nun Anstalten, deren Elend zu lindern. Sie sammelte alle Süßigkeiten, die
man ihr schenkte, und als sie genug beisammen hatte, ver-
packte sie diese mit Hilfe ihrer Mutter in einer Dose und
trug sie zu den Krankenschwestern, die für die Vertriebe-
nen und Verletzten Sorge trugen: »Sie vermieden es zwar,
mir allzu ostentativ zu danken, aber über meinen Kopf
hinweg erhob sich doch ein Geflüster, das mir schmeichel-
te.« (*Memoiren* 29)

Im Laufe der Jahre, die Simone de Beauvoir am *Cours Désir* verbrachte, sollte sich zeigen, daß ihre Vorfreude und
ihre Verzückung angesichts der bevorstehenden Einschu-
lung und der Aussicht auf die Möglichkeit, sich zu bilden,
nicht nachließen. Ganz im Gegenteil, ihre Begeisterung
nahm noch zu:

> »Die Gefühle aus meiner ersten in diesem Haus ver-
> lebten Zeit hatten sich bei mir niemals abgestumpft:
> der Augenblick, in dem Mademoiselle das Klassen-
> zimmer betrat, leitete eine Zeit höherer Weihe ein.«
> (*Memoiren* 64)

Es ging Simone de Beauvoir zu jener Zeit noch nicht so
sehr um die Form oder den Inhalt des Unterrichts. Das,
was die Lehrer zu bieten hatten, war nicht gerade aufregend: Immer ging es um die Abfrage auswendig gelernten
Wissens. Wonach es Simone eigentlich verlangte, war die
Anerkennung ihrer Person. Man sollte von ihren Leistungen Kenntnis nehmen, was ja auch geschah, da sämtliche

Prüfungsergebnisse in der Schule in Register eingetragen wurden. Stets wollte sie, wenn sie sich schon nicht verbessern konnte, ihr Niveau bewahren. Es war wie ein immer von neuem beginnender Wettkampf. Wenn sie ihn verloren hätte, wäre sie zutiefst betrübt gewesen. Ein Sieg hingegen bedeutete jedesmal grenzenlosen Überschwang.

»Mein Schuljahr wurde jeweils durch Glanzpunkte dieser Art markiert. Jeder Tag führte mich irgendwohin. Ich bedauerte die Erwachsenen, deren schale Wochen nur eben durch fade Sonntage etwas Farbe erhielten. Zu leben, ohne auf etwas zu warten, kam mir grauenhaft vor.« (*Memoiren* 65)

Während Simone sich im Licht ihrer Erfolge sonnte, machte ihre Schwester Poupette als die jüngere der beiden im *Cours Désir* ganz gegenteilige Erfahrungen. Man sah in ihr ein mißglücktes Duplikat ihrer älteren Schwester und ließ sie das auch spüren. Poupette fühlte sich dadurch verständlicherweise gedemütigt, was ihr am katholischen *Cours Désir* allerdings den Ruf eintrug, hochmütig zu sein. Bei den Erzieherinnen fand das Mädchen keine Unterstützung. Da Simone als die ältere natürlich weiter war als Poupette, interessierte sich der Vater mehr für sie, worunter die Jüngere sehr litt. Wenn sie versuchte, es ihrer Schwester in puncto Leistung gleichzutun, wurde sie nur milde belächelt. (*Memoiren* 94f.)

Im *Cours Désir* lernte Simone ihre Freundin Elizabeth Mabille, genannt Zaza, kennen. Beide Mädchen waren sehr begabt und wetteiferten freundschaftlich miteinander. Simone war beeindruckt von Zazas natürlicher Leichtigkeit, die ihr selbst so fremd war: »[N]ie nahm sie im Cours Désir meine gespreizten Manieren an.« (*Memoiren* 88). Nach einer Italienreise berichtete Zaza Simone von ihren Eindrücken, und sie kamen über Literatur ins Gespräch. Simone war von Zazas unkonventioneller Art, über Literatur zu sprechen, überwältigt.

> »[...] von Griechenland war sie entzückt, die Römer langweilten sie; unempfindlich gegen die Schicksale der königlichen Familie, begeisterte sie sich für die Sendung Napoleons. Sie bewunderte Racine, Corneille ging ihr auf die Nerven: Sie verabscheute Horace, Polyeucte und war von glühender Sympathie für den *Misanthrope* erfüllt. Ich hatte sie immer leicht spöttisch gekannt; im Alter zwischen zwölf und fünfzehn Jahren wurde bei ihr die Ironie zum System; sie machte nicht nur die meisten Menschen lächerlich, sondern auch feststehende Bräuche und allgemein akzeptierte Ideen; die *Maximen* La Rochefoucaulds hatte sie zu ihrem Lieblingsbuch erhoben und wiederholte unaufhörlich, daß allein Eigennutz das Handeln des Menschen bestimmt.« (*Memoiren* 107)

Ganz im Gegensatz zu Zaza hatte Simone bis dato noch keine allgemeine Meinung über die Menschheit entwickelt, und der unnachgiebige Pessimismus ihrer Freundin beeindruckte sie nicht wenig. Häufig waren Zazas Meinungen umstürzlerisch, und ihre Aufsätze erregten nicht selten Empörung im *Cours Désir*. Das Lehrerkollegium war geteilter Meinung über diese aufmüpfige Schülerin: Wäh-

rend einige sie bei weitem zu kühn fanden, verbuchten andere ihre Unternehmungen auf das Konto Jugend. Zazas Persönlichkeit brachte Simone dazu, über sich selbst nachzudenken, sich zu beobachten und sich selbst in Frage zu stellen.

Dabei machte Simone die Entdeckung, daß sie als Mädchen anders behandelt wurde als gleichaltrige Jungen und nicht unbedingt die gleichen Möglichkeiten hatte, was die Bildung anbetraf. Bei einem Besuch ihres Cousins Jaques wurde ihr dieser Umstand überdeutlich, als sie ihn über seine Ausbildung am *Collège Stanislas* sprechen hörte. Er brachte »in das Haus ein Raunen aus einer Welt, die mir bislang verschlossen geblieben war: wie gerne hätte ich in sie eindringen mögen!« (*Memoiren* 116)

Wann immer der Weg sie nun am *Collège Stanislas* vorbeiführte, fragte sie sich sehnsüchtig, was wohl in diesem Gebäude vor sich ging. Simone fühlte sich ausgeschlossen und beneidete die Jungen, die Männer als Lehrer hatten, und sie war sicher, daß es nur ihnen möglich war, Wissen unverfälscht weiterzugeben. Die Lehrerinnen am *Cours Désir* hingegen nährten »mich mit Ersatz«. (*Memoiren* 116)

Es war ihr nicht länger möglich, ihre Lehrerinnen als die überirdischen Glanzwesen zu betrachten, als Verkünderinnen kostbaren Wissens, als die sie sie noch zu Beginn gesehen hatte. Vielmehr waren sie auf eine Ebene der Profanität gesunken, auf der sie nur noch als »lächerliche Betschwestern« (*Memoiren* 116) bezeichnet werden konnten. Simone erregte sich über die mangelnde Bildung, Bigotterie und den Kleingeist der Schwestern, den sie daran

festzustellen meinte, daß diese, wie sie glaubte, ihre Fröm-
migkeit mit ihrer Kleidung auszudrücken versuchten. Der
Vater unterstützte diese abwertende Haltung, zumal er die
Literaturauswahl im Unterricht nicht für gut hielt. Auch
war er dagegen, daß die Schülerinnen ihre Aufsätze mit re-
ligiösen Formeln zu beschließen hatten.

Schließlich schlug er der Mutter vor, Simone und Poupette ins Lyzeum zu schicken, wo die Mädchen mehr lernen
würden. Doch Simone wollte sich weder von Zaza trennen, noch den *Cours Désir* verlassen, auch wenn sie sich
dort nicht wohlfühlte.

Simone arbeitete weiterhin fleißig, machte sich aber gemeinsam mit Zaza und ein paar anderen Mädchen über
die Lehrerinnen lustig. Disziplinierungsversuche von seiten der Aufseherinnen schlugen zunehmend fehl, wenn
die Mädchen in Fahrt waren.

> »Wir schwatzten, wir lachten und reizten die ›Pion-
> ne‹, die damit beauftragt war, Ordnung zu halten,
> und die bei uns nur ›die Vogelscheuche‹ hieß. Mei-
> ne Schwester, die von allem genug hatte, war ganz
> ungeniert entschlossen, ungezogen zu sein. Zusam-
> men mit einer Freundin, die sie sich selbst ausge-
> sucht hatte, Anne-Marie Gendron, gründete sie das
> *Echo du Cours Désir;* Zaza lieh ihr Kopiermasse, und
> von Zeit zu Zeit arbeitete ich mit; wir verfaßten blu-
> tige Pamphlete.« (*Memoiren* 116f.)

Diese Aktivitäten stießen selbstverständlich auf wenig Ge-
genliebe, und die Mädchen bekamen entsprechende Rück-
meldung.

Im Institut *Adeline Désir* wurden am Ende des Schuljahres Zertifikate und Medaillen verliehen. Mit ihnen wurden Arbeitseifer, Wohlerzogenheit und die Zugehörigkeit zum Haus ausgezeichnet. Als begehrteste Auszeichnung galt das Ehrenzeugnis, das diejenigen erhielten, die in allen Fächern geglänzt hatten. Für die, die nicht so umfassend begabt waren, gab es Einzelanerkennungen. Auf Simone, die sonst zu denjenigen gehört hatte, denen immer das Ehrenzeugnis überreicht worden war, wartete in diesem Jahr eine Überraschung, als ihr Name aufgerufen wurde. Im Gegensatz zu früheren Jahren, in denen sie in allen Bereichen überdurchschnittliche Leistungen erzielt hatte, erhielt sie nur in wenigen Fächern eine Auszeichnung. Natürlich wußte Simone sofort, auf welches Konto diese Zurechtweisung ging, die sie allerdings würdevoll entgegennahm. (*Memoiren* 118)

Im Jahr des Abiturs begannen Zaza und Simone Anfang Januar Italienisch zu lernen, da ihre Eltern es gerne sahen, daß sie sich auf die philologischen Fächer vorbereiteten. Zaza lernte außerdem noch Deutsch, Simone besuchte lieber die Kurse ihres Englischlehrers, der dem Orden nicht angehörte und sie wie eine Gleichgestellte behandelte. Andere Lehrerinnen erfreuten sich nicht so großer Beliebtheit, wie zum Beispiel Mademoiselle Lejeune, über die sich Zaza und Simone wegen »ihrer literarischen Voreingenommenheiten« furchtbar aufregten.

»Um unseren Horizont zu erweitern, lasen wir viel und diskutierten lebhaft untereinander. Oft verteidigten wir im Unterricht hartnäckig unsere Gesichtspunkte; ich weiß nicht, ob Mademoiselle Lejeune scharfblickend genug war, um mich zu durchschauen, jedenfalls schien sie jetzt mir weit mehr zu mißtrauen als Zaza.« (*Memoiren* 144)

Die Zeit bis zu den Prüfungen war jetzt von einigen unerfreulichen Entdeckungen begleitet. Bekanntschaften und Unternehmungen sagten ihr nicht zu und blieben an der Oberfläche. Man traf sich zum Tennisspielen auf dem Tennisplatz an der *Rue Boulard* und trennte sich wieder.

Simone wurde auch bewußt, wie freudlos das Leben war, das auf die meisten ihrer Mitschülerinnen nach dem Abitur wartete. Im Grunde war alles, was sie nach den bestandenen Prüfungen tun würden, nur ein Warten auf einen jungen Mann, der sie heiraten sollte und an dessen Seite sie dann ein freudloses Hausfrauendasein fristen würden. Simone war froh, daß sie sich keine Gedanken über solcherlei Dinge machen mußte. Sie würde studieren, einen Beruf ergreifen und selbst für ihren Lebensunterhalt aufkommen. Ihre Freundin Zaza hingegen geriet nicht selten in Zorn, da von ihr erwartet wurde, den Weg in die Ehe zu wählen.

Trotzdem bereiteten sich die beiden eifrig auf ihr Examen vor, das immer näher rückte. (*Memoiren* 144f.)

»Mit großen Vergnügen machte ich mein Examen. In den amphitheatralisch angelegten Hörsälen der Sorbonne saß ich dicht neben jungen Burschen und Mädchen, die sich in unbekannten Kursen und geistlichen Schulen oder auch in Lyzeen vorbereitet hatten: ich entrann jetzt dem Cours Désir, ich sah mich der wirklichen Welt gegenüber.« (*Memoiren* 148f.)

Der Ruf ihres Lerneifers eilte ihr anscheinend bei den mündlichen Prüfungen in Literatur und Philologie voraus, so daß sie eines Tages von einem ihrer Prüfer mit der leicht spöttischen Bemerkung empfangen wurde, daß sie anscheinend Diplome sammle. Simone ließ sich davon nicht beirren. Sie machte weiter wie gehabt und schloß mit einem ›Gut‹ ab. Die ehemaligen Lehrerinnen, die Eltern und Tanten waren glücklich über Simones Erfolge. Ihr Cousin Jaques bemerkte etwas trockener: »Man muß mindestens mit ›Gut‹ bestehen oder überhaupt nicht bestehen.« (*Memoiren* 149)

Als schließlich auch die letzten Prüfungen überstanden waren, wurde das anfängliche Glück darüber, dem *Cours Désir* nun endlich den Rücken gekehrt zu haben, kurzzeitig von einer plötzlichen Angst überschattet. Angesichts der Zukunft, die sich nun weit vor ihr erstreckte, übermannten sie das Gefühl von Einsamkeit und Verlorenheit.

»Mein Herz war tot, meine Welt völlig leer: würde sich eine solche Leere jemals ausfüllen lassen? Ich hatte Angst. Dann aber kam die Zeit jäh wieder in Bewegung.« (*Memoiren* 153)

INSTITUT SAINTE-MARIE,
BOULEVARD VICTOR-HUGO NR. 24, NEUILLY (SEINE)

Der Vater von Zaza hatte den Eltern Beauvoir geraten, ihre Tochter für Literaturvorlesungen an ein Institut in Neuilly zu schicken; auf diese Weise würde sich die Anwesenheit an der *Sorbonne* in einem Rahmen halten, der für Simones und Zazas Eltern erträglich blieb. Sie fürchteten, daß die in sexuellen Dingen sehr deutlichen griechischen und lateinischen Klassiker, die an der *Sorbonne* gelesen wurden, schlechten Einfluß auf die junge Frau hätten, und hofften darauf, daß die Literaturauswahl am *Institut Sainte-Marie* anders gehandhabt würde. Dem war nicht so, aber Monsieur Garric, der künftige Literaturprofessor Simones und Zazas am *Institut Sainte-Marie,* der streng katholisch war, konnte glaubhaft versichern, daß es möglich sei, klassische Literatur zu studieren und das Staatsexamen abzulegen, ohne zugleich der Hölle anheim zu fallen. Simones Wünsche gingen also sämtlich in Erfüllung, und, was noch besser war und das Glück schließlich vollkommen machte: sie konnte die Zukunft gemeinsam mit Zaza erleben. (*Memoiren* 160)

> »Ein neues Leben, ein anderes Leben: ich war bewegter als am Tage vor dem Eintritt in den Kursus Null. Auf dürre Blätter gelagert, den Blick von den leidenschaftlich flammenden Farben der Weinberge erfüllt, sprach ich mir immer wieder die großen Worte ›Staatsexamen‹, ›Lehrbefähigung‹ vor. Alle Schranken, alle Mauern schienen niederzusinken. Die Zukunft war nur noch Hoffnung, und ich rührte bereits an sie. Vier oder fünf Studienjahre und dann eine Existenz, die ich mir selbst gestalten würde. Mein Leben würde eine schöne Geschichte sein, die in dem Maße zur Wahrheit wurde, wie ich sie mir selbst erzählte.« (*Memoiren* 161)

Wie schon vor dem Schulbeginn freute sich Simone auf den neuen Lebensabschnitt, der ihr erlaubte, sich ein weiteres Stück Freiheit zu erobern. Sie genoß ihr Studentendasein in vollen Zügen. Eines ihrer Vorbilder blieb ihr Cousin Jacques, der ab und zu den Eltern einen Besuch abstattete und dabei Simones Aufmerksamkeit durch seinen Wortwitz und seine geistreichen Bemerkungen zur Literatur, zur Malerei und zu anderen Dingen erregte. Sie verliebte sich in ihn, aber da Jacques sie, anders als früher, wo sie sich gefühlt hatten wie Bruder und Schwester, meistens nur mit freundlicher Herablassung als »kleine Kusine« (*Memoiren* 166) behandelte, überlegte sie verzweifelt, wie sie seine Anerkennung erringen könnte.

> »Er kannte Robert Garric, der im Institut Sainte-Marie die Vorlesungen über französische Literatur hielt. Garric hatte die Bewegung der ›Équipes sociales‹ gegründet, die darauf ausging, in den unteren Volksschichten Bildung zu verbreiten; er stand dieser Bewegung auch weiter vor; Jacques war einer seiner Mitarbeiter und bewunderte ihn. Wenn es mir gelang, mich bei meinem neuen Lehrer auszuzeichnen, wenn er sich bei Jacques vorteilhaft über meine Leistungen äußerte, würde mich dieser vielleicht nicht mehr als ein unbedeutendes kleines Schulmädchen betrachten.« (*Memoiren* 167)

Garric, der mit dreißig Jahren ein sehr junger Literaturprofessor war, beeindruckte Simone de Beauvoir sowohl durch seine äußere Erscheinung als auch mit seinen Ausführungen zur Literatur, die er »mit einer beschwingten Stimme, die ein klein wenig durch einen auvergnatischen Akzent gefärbt war«, vortrug. Ungeduldig erwartete Simone jede Woche den Tag, an dem Garric seine Vorlesung hielt, und ihre Bewunderung für ihn wurde immer größer. Im Institut sprach man davon, daß er eine große Karriere an der Universität hätte machen können, an der ihm aber wohl nicht viel lag. (*Memoiren* 173) Simone »trank seine Worte«. (*Memoiren* 174)

»Zwischen Thérèse und Zaza sitzend, wartete ich mit vor Erregung trockenem Mund auf den Augenblick seines Erscheinens. Die Gleichgültigkeit meiner Gefährtinnen war mir unverständlich: man hätte, so schien es mir, den Schlag aller Herzen vernehmen müssen.« (*Memoiren* 176)

Um sich bei ihm hervorzutun, gab Simone sich bei ihrer ersten schriftlichen Hausarbeit die allergrößte Mühe, doch leider fanden sie und Zaza sich nur im Mittelfeld der Notengebung wieder. (*Memoiren* 167) Das *Institut Sainte-Marie* stellte sehr viel höhere Ansprüche an die Schülerinnen als das *Cours Désir*. Simone hatte dementsprechend allergrößten Respekt vor Mademoiselle Lambert mit ihren hellblauen und durchdringenden Augen, die mit 35 Jahren schon den Oberkurs in Philosophie leitete.

Simones Enttäuschung war groß, als sie mit dem Griechischunterricht begann und ihr dämmerte, daß man ihr auf dem *Cours Désir* nicht gerade viel in Latein beigebracht hatte. Was sie jedoch wirklich hart traf, war, daß sie, die am *Cours Désir* als eine der besten Schülerinnen hofiert wurde, hier von ihren neuen Lehrern kaum wahrgenommen wurde. Das war für Simone nur schwer zu verkraften, da es sie doch so sehr nach Anerkennung verlangte.

Enttäuschend waren auch die neuen Mitschülerinnen. War Simone schon von den meisten ihrer früheren Schulkameradinnen nicht einen übermäßigen Sinn für Humor gewöhnt, so wurde sie auch hier nicht gerade mit übersprudelnder Lustigkeit konfrontiert. Sie erklärte sich die eher gedämpfte Stimmung ihrer neuen Mitschülerinnen damit,

daß diese zwar gratis Logis und Unterricht hatten, im Gegenzug aber die mittleren Klassen unterrichten und beaufsichtigen mußten. Allerdings gab es eine Sache, die die jungen Frauen von denen vom *Cours Désir* unterschied: Was bei den meisten Schülerinnen des *Cours Désir* kurz vor dem Examen noch zu Betrübnis geführt hatte, nämlich der Gedanke an die unausweichliche Heirat, wäre hier ein Grund zur Erleichterung gewesen.

»Die meisten von ihnen, die schon recht erwachsen waren, dachten mit Bitterkeit daran, daß sie sich nie verheiraten würden; ihre einzige Möglichkeit, eines Tages ein erträgliches Leben zu führen, setzte voraus, daß sie erfolgreich ihre Examen bestanden; diese Sorge verließ sie nie. (*Memoiren* 167)

Einige Jahre später unterrichtete Simone de Beauvoir selbst am *Institut Sainte-Marie* Psychologie (*Jahren* 48), allerdings mit dem Unterschied, daß dieser Umstand ihr alles andere als Depressionen verursachte. Die Möglichkeit, als Lehrerin zu arbeiten und sich selbst zu versorgen, ermöglichte Beauvoir das, was sie schon immer angestrebt hatte: frei und unabhängig zu leben.

SORBONNE, RUE DE LA SORBONNE NR. 47,
5. ARRONDISSEMENT

»Im November fing ich an, mich auf die allgemeine Mathematik im Katholischen Institut vorzubereiten; die Weiblichkeit saß in den ersten Reihen, die jungen Männer in den letzten. Ich fand, sie hatten alle das gleiche bornierte Gesicht. In der Sorbonne langweilten mich die Literaturvorlesungen; die Professoren begnügten sich damit, mit matter Stimme zu wiederholen, was sie in ihren Doktorarbeiten schon früher niedergelegt hatten.« (*Memoiren* 167)
Ein hartes Urteil, das die junge Beauvoir hier über ihre Dozenten fällt. Das verwundert allerdings nicht weiter, wenn man ihren Erinnerungen Glauben schenken darf. Sie regte sich furchtbar über einen Dozenten auf, der seinen Studenten und Studentinnen, ohne mit der Wimper zu zucken, die Handlung der Theaterstücke wiedergab, die er während der Woche besucht hatte. Nach kurzer Zeit war Simone seinen langweiligen Vortragsstil leid, woraufhin sie sich rasch nach einer angemessenen Abwechslung

umschaute, die ihr die Zeit vertreiben sollte, bis die öde Vorlesung beendet war: Sie beobachtete die Studenten und Studentinnen, die die restlichen Bänke des Hörsaales bevölkerten. Einige von ihnen erschienen Simone de Beauvoir interessanter als die anderen. Sie fühlte sich zu ihnen hingezogen und beschäftigte sich auch noch in Gedanken mit ihnen, wenn die Vorlesung schon längst vorüber war. Mit sehnsüchtigen Blicken folgte sie einer Kommilitonin, die ihr völlig fremd war, die es ihr aber dennoch ganz besonders angetan hatte.

>>Wem trug sie wohl das aufgemalte Lächeln ihrer Lippen entgegen? Wenn ich in dieser Weise ganz dicht von lauter fremden Leben umgeben war, fand ich das unbestimmte Glück in meinem Innern wieder, das ich als Kind auf dem Balkon des Boulevard Raspail erfahren hatte. Nur wagte ich mit niemandem zu sprechen, und niemand sprach mit mir.<< (*Memoiren* 168.)

Daß es für Simone schwierig war, an der *Sorbonne* Kontakte zu knüpfen, mag allerdings auch daran gelegen haben, daß sie ihre Kommilitonen abgrundtief nichtssagend fand. Sie kritisierte an ihnen ihren Hang zum Amüsement, ihr Desinteresse und ihre Albernheit. Einer fiel ihr jedoch durch seine wohltuende Andersartigkeit in den Veranstaltungen zu Philosophie und Geschichte sofort auf. Ein junger Mann, der ganz in Schwarz gekleidet war und eine schwarze Kappe auf dem Kopf trug, allerdings um einiges älter war als Simone. Sie beobachtete ihn dabei, wie er eines Tages in der Bibliothek einige Mitstudenten, die mit ihm am Tisch saßen, zurechtwies, weil sie zu großen Lärm veranstalteten. Seine Autorität beeindruckte Simone, worauf sie sich ein Herz faßte und ihn ansprach. Der junge Mann hieß Pierre Nodier und »gehörte zu einer Gruppe ›Philosophies‹, der auch Mohrange, Friedmann, Henri Lefebvre und Politzer angehörten«. (*Memoiren* 226) Aus dem einen Gespräch wurden viele, und Simone de Beauvoir fühlte sich von ihnen inspiriert. Sie bedauerte zutiefst, daß sie sich nicht in ihn verliebt hatte und war tieftraurig als er bald danach nach Australien ging, wo man ihm eine Stelle angeboten hatte. (*Memoiren* 227)

Ein kurzes, aber heftiges Zusammentreffen wurde ihr auch mit Simone Weil beschert, die zur gleichen Zeit wie Simone de Beauvoir für einige Zeit an der *Sorbonne* studierte und die gleichen Prüfungen zu leisten hatte. In Simones Augen war Simone Weil eine bizarre Erscheinung, sie bewunderte sie aber für ihr Engagement und für ihre außerordentliche Begabung in Philosophie. Bei einer Gelegenheit kam sie dann mit Simone Weil ins Gespräch.

»Sie erklärte in schneidendem Tone, daß eine einzige Sache heute auf Erden zähle: eine Revolution, die allen Menschen zu essen geben würde. In nicht weniger peremptorischer Weise wendete ich dagegen ein, das Problem bestehe nicht darin, die Menschen glücklich zu machen, sondern für ihre Existenz einen Sinn zu finden. Sie blickte mich fest an. ›Man sieht, daß Sie noch nie Hunger gelitten haben‹, sagte sie. Damit waren unsere Beziehungen auch schon wieder zu Ende.« (*Memoiren* 229)

Simone ärgerte sich schwarz über diese Zurechtweisung und vermutete, daß Simone Weil sie nun als bourgeoise Klugschwätzerin verachtete. Das traf sie sehr, zumal es ihr innigstes Bestreben war, sich von ihrer Klasse zu lösen und nur noch sie selbst zu sein. (*Memoiren* 229)

Der Hang zur Auseinandersetzung jedoch blieb. Einige Zeit später legte sie sich auf dem Hof der *Sorbonne* mit einem jungen Mann mit langem, düsterem Gesicht an und diskutierte so lange mit ihm, bis er sie entgeistert anstarrte und verkündete, daß ihm nun nichts mehr einfiele, er gebe sich geschlagen. Offensichtlich hatte ihm die Unterhaltung aber so gut gefallen, daß er jeden Tag aufs Neue anrückte, um Simone zu treffen und das Gespräch fortzuführen. Sein Name: Michel Riesmann. Er bezeichnete sich

als Schüler von Gide, glaubte an die Literatur und been-
dete gerade seine Arbeit an einem kleinen Roman. Simones Bewunderung für den Surrealismus schockierte ihn,
woraufhin Simone ihn für veraltet und langweilig hielt,
aber immerhin ermutigte er sie zum Schreiben, was sie zu
dem Zeitpunkt dringend nötig hatte. Er schlug ihr vor,
sich während der Ferien Briefe zu schreiben, und sie nahm
den Vorschlag an. Kurze Zeit darauf bestand sie ihre Prü-
fung in Philosophie, die sie als Zweitbeste gleich hinter Simone Weil absolvierte. (*Memoiren* 234)

Leihbibliothek Rue Saint-Placide, 6. Arrondissement

Simone de Beauvoir war schon als Kind von einer tiefen
Liebe zu Büchern ergriffen. Gegen ihre Angstzustände, unter denen sie in ihrer Kindheit bisweilen litt, setzte sie die
beruhigende Kraft der Bücher, die sie als zuverlässige Kom-
munikationspartner in einer großen, uneinschätzbaren
Welt wahrnahm.

> »Die Bücher jedoch gaben mir meine Sicherheit zu-
> rück. Sie sprachen zu mir und verheimlichten
> nichts; in meiner Abwesenheit schwiegen sie; ich
> schlug sie auf, und dann besagten sie genau das, was
> sie sagten.« (*Memoiren* 49)

Die Eltern, die großen Wert auf Bildung legten, ermun-
terten Simone zum Lesen, indem sie ihr ausgewählte Bücher an die Hand gaben. Das Kind berauschte sich »an der
Zauberkunst, durch die gedruckte Zeichen in eine Erzäh-

lung verwandelt werden«. (*Memoiren* 50) Die Mutter hatte ein Abonnement bei einer Leihbibliothek in der *Rue Saint-Placide*. Simone, die ihre Mutter oft in die Bibliothek begleitete, zeigte sich tief beeindruckt von dem riesigen Raum, der sich vor ihr auftat und der vor lauter Büchern fast zu bersten schien. Die mit Büchern vollgestellten Regale ragten als unüberwindliche Schranken zwischen den Gängen auf, »die sich im Unendlichen verloren wie die Gänge der Metro« (*Memoiren* 51). Sehnsüchtig beobachtete sie die Bibliotheksangestellten, die den ganzen Tag mit den wundervollen Büchern, die zum Schutz in einen schwarzen Einheitsumschlag gehüllt waren, umgehen durften.

> »Von Schweigen umgeben, durch die düstere Monotonie der Buchhüllen gleichsam maskiert, waren die Worte da und warteten, daß jemand kam und sie entzifferte. Ich träumte davon, ich könne mich ganz insgeheim in die staubigen Alleen hineinbegeben und niemals wieder aus ihnen zum Vorschein kommen.« (*Memoiren* 51)

BIBLIOTHÈQUE CARDINALE, PLACE SAINT-SULPICE,
6. ARRONDISSEMENT

Außer ihren Studien, die sie pflichtgemäß für die Schule zu verrichten hatte, war das Lesen in der Freizeit für Simone de Beauvoir das Wichtigste in ihrem Leben. Die Mutter versorgte sich mittlerweile mit Lesestoff aus der *Bibliothèque Cardinale* an der *Place Saint-Sulpice* und nahm

ihre Tochter mit. Auch von dieser Bibliothek war Simone
zutiefst fasziniert und empfand es als Privileg, sich dort
aufhalten zu dürfen. Sie baute sich mit dem Stolz eines Be-
sitzers vor den Regalen auf, in denen sich die Jugendlite-
ratur befand, und fühlte sich, als hätte sich vor ihr ein li-
terarisches Schlaraffenland aufgetan.

> »Ein mit Zeitschriften und Magazinen beladener
> Tisch nahm die Mitte des großen Raumes ein, von
> dem die mit Büchern dicht besetzten Korridore aus-
> gingen: die Kunden hatten das Recht, in diesen um-
> herzuwandeln! Ich erlebte eine der größten Freu-
> den meiner Kindheit an dem Tage, an dem Mama
> mir dort ein Abonnement auf meinen Namen
> schenkte.« (*Memoiren* 67)

BIBLIOTHÈQUE PLACE SAINTE-GENEVIÈVE, 5. ARRONDISSEMENT

Nachdem Simone de Beauvoir ihr Examen am *Cours Désir* erfolgreich abgeschlossen hatte, begann sie ihre neue
Existenz als Studentin, indem sie der *Bibliothek Sainte-Ge-
neviève* einen Besuch abstattete. Sie setzte sich zu den anderen Leserinnen an einen großen Tisch, der genau wie
die Tische im *Cours Désir* mit schwarzem Moleskin be-
deckt war. Dort nahm sie sich die *Comédie humaine* oder
die *Mémoires d'un homme de qualité* vor und versank für
Stunden in einer anderen Welt.

> »Ich schöpfte nun den Rahm von der Bibliothek
> Sainte-Geneviève ab: ich las Gide, Claudel, Jammes

70

mit heißen Wangen, pochenden Schläfen und atemlos vor Erregung.« (*Memoiren* 179)

Allerdings nicht vollständig, wie aus ihren Memoiren hervorgeht. Denn: das Leben hatte seine bisweilen bizarren Auftritte.

> »Mir gegenüber blätterte im Schatten eines großen, mit Vögeln beladenen Hutes eine Dame reiferen Alters in verjährten Bänden des *Journal officiel:* sie sprach halblaut mit sich selbst und lachte vor sich hin. Zu jener Zeit war der Eintritt in den Lesesaal frei; viele Verrückte und bessere Pennbrüder flüchteten sich dorthin; sie hielten Selbstgespräche, summten vor sich hin und kauten an Brotkrusten herum; es gab einen, der mit einem Papierhut auf dem Kopf unaufhörlich auf und ab ging. Ich fühlte mich sehr weit dem Studiensaal des Cours Désir entrückt: endlich hatte ich mich in das Gewühl der Menschheit hineingestürzt. ›Es ist soweit: ich bin Studentin!‹ sagte ich fröhlich zu mir selbst.« (*Memoiren* 165)

MAISON DES AMIS DES LIVRES, RUE DE L'ODÉON, 6. ARRONDISSEMENT

Angeregt durch ihren Cousin Jacques, der ein paar Jahre älter war und ihr dementsprechend einiges an Literaturerfahrung voraus hatte, nahm Simone de Beauvoirs Lust aufs Lesen immer weiter zu. Dabei löste sie sich allerdings von den Vorgaben ihrer Eltern, denen der Literaturgeschmack des Neffen überhaupt nicht zusagte. Auch folgte Simone ihren Eltern nicht mehr treu in die Leihbibliotheken, die diese für ›anständig‹ befanden, sondern sie erwarb auf eigene Faust ein Abonnement bei der *Maison des amis des livres,* wo Adrienne Monnier in einem ihrer typischen, einfachen grauen Kleider in einer Ecke ihres Ladens saß und die Kunden im Auge behielt. Simone entwickelte einen so unersättlichen Hunger auf Bücher, daß sie sich unmöglich mit zwei Bänden, die ihr laut Abonnementvertrag zustanden, zufriedengeben konnte. (*Memoiren* 179)

> »[H]eimlich ließ ich mehr als ein halbes Dutzend in meiner Tasche verschwinden; schwierig war nur, sie hinterher wieder einzustellen, und ich fürchte sehr, daß ich nicht alles zurückgegeben habe.« (*Memoiren* 179)

BIBLIOTHÈQUE NATIONALE, RUE DE RICHELIEU NR. 58, 2. ARRONDISSEMENT

Zu Beginn des Wintersemesters, in dem sie sich auf den Concours vorbereitete, begann sie, sich mit der Relativitätstheorie zu beschäftigen, von der sie außerordentlich fasziniert war. Zu diesem Zweck ging sie in die *Bibliothèque Nationale* und mischte sich dort unter die anderen Besucher, die in ihre Lektüre vertieft waren. Wenn sie ihre Blicke schweifen ließ, erfüllte sie das Bewußtsein, daß sie eine von ihnen war, daß sie zu all »diesen Gelehrten, Forschern, Suchern, Denkern« (*Memoiren* 273) gehörte, mit einer tiefen Zufriedenheit, da sie sicher war, hier endlich

ihren Platz gefunden zu haben. Sie wurde nicht länger von dem Gefühl verfolgt, eine Ausgestoßene zu sein. Sie war vielmehr zutiefst davon überzeugt, daß sie selbst die Wahl getroffen hatte, die eine Welt zu verlassen und sich einer anderen zuzuwenden, in der die Menschen, genau wie sie selbst auf der Suche nach Wahrheit waren. Nun gehörte sie zu denjenigen, die sich der großen Anstrengung der Menschheit verschrieben hatten, die sich mit Wissen, Verstehen und der Vermittlung durch Sprache befaßte und sie wurde auf diese Weise Teil einer großen Gemeinschaft, die dasselbe Projekt verfolgte. Auf diese Weise würde sie nie wieder einsam sein.

Ihre Arbeit wurde jeden Tag von der Stimme des Bibliothekaufsehers beendet, der mit salbungsvoller Stimme verkündete, daß die Bibliothek nun bald geschlossen würde. Der Wechsel von der wunderbaren Welt der Bücher zurück in die harsche Realität fiel Simone de Beauvoir nicht besonders leicht und nur ungern ließ sie sich darauf ein. (*Memoiren* 273f.)

>Jedesmal war es eine Überraschung, wenn man von den Büchern kam, draußen Läden, Lichter, Vorübergehende und den Zwerg wiederzufinden, der neben dem Théâtre-Français seine Veilchen verkaufte. Langsamen Schrittes dahinwandelnd, gab ich mich ganz der Schwermut der Abende und der Heimkehr hin.< (*Memoiren* 274)

Einige Jahre später, als sie schon längst eigene Texte schrieb und mitten in der Arbeit an *Das andere Geschlecht* steckte, ging sie immer noch häufig in die *Bibliothèque Natio-*

nale. Das Lesen von ›fremden‹ Büchern bedeutete für sie angesichts der Anstrengung des Schreibens Entspannung. (*Dinge* 167)

> »Wenn ich die alten Zeitungen las, versank ich für Stunden in eine mit einer unsicheren Zukunft belasteten Gegenwart, die zu einer längst überwundenen Vergangenheit geworden war: Es war verwirrend. Manchmal war ich so vertieft, daß die Zeit durcheinandergeriet. Wenn ich den Hof verließ, der sich seit meinen zwanziger Jahren nicht verändert hatte, wußte ich nicht mehr, in welchem Jahr ich mich gerade befand. Wenn ich die Abendzeitung durchblätterte, hatte ich das Gefühl, daß die Fortsetzung bereits in Reichweite auf den Regalen liege.« (*Dinge* 440f.)

Der Arbeitsalltag wurde aber auch durch Treffen mit Freunden, die ebenfalls in der Bibliothek arbeiteten, unterbrochen. Häufig war es so, daß man gemeinsam zum Essen ging, wie sie es zum Beispiel mit André Herbaud tat, dem sie sogar einen Platz neben ihrem Arbeitsplatz freihielt. Zusammen gingen sie zum Mittagessen, und Herbaud, dem es finanziell besser ging, lud sie ab und zu ein. Manchmal gingen sie nach dem Essen noch in den Gärten des *Palais-Royal* spazieren, bevor sie sich wieder an die Arbeit machten. (*Memoiren* 300)

Gärten

Simone de Beauvoir hat immer gerne und viel Zeit im *Jardin du Luxembourg* verbracht, um dort zu lesen, sich auszuruhen oder spazierenzugehen. Schon als kleines Mädchen ging sie zusammen mit ihrem Kindermädchen dorthin, um zu spielen. Kinder, die man ihr nicht ordnungsgemäß vorgestellt hatte, übersah sie allerdings geflissentlich.

Anstatt das von Menschenhand zurechtgestutzte Stück Natur als eine Oase in der Großstadt zu empfinden wie Erwachsene es tun, betrachtete sie den Garten mit kindlichem Pragmatismus nur unter dem Blickwinkel seiner Funktionalität.

> »Der Garten des Luxembourg mit den Gebüschgruppen, die man nicht berühren durfte, den Rasenflächen, deren Betreten verboten war, stellte für mich nichts weiter als einen Spielplatz dar. Hier und da freilich ahnte man durch einen Spalt, der sich auftat, hinter der bemalten Leinwand etwelche verborgene Tiefen.« (*Memoiren* 24)

Ganz anders war das in dem Park, der das Schloß in *La Grillère* umgab, in dem ihre Tante väterlicherseits wohnte. Dort versank Simone regelrecht in dem Erlebnis Natur und ging ganz in den Mysterien auf, die ihr Bäume, Blumen und Früchte zu bieten hatten. Hier standen nicht

wie im *Jardin du Luxembourg* Verbotsschilder herum, sondern es war alles ohne Einschränkung verfügbar und zugänglich. Sie durfte in der Erde graben, auf dem Rasen
herumlaufen und mit allem spielen, was in Reichweite war.

»[I]ch machte die Erfahrung, daß das Rot des Stech-
apfels röter als das des Kirschlorbeers oder der Eber-
esche ist, daß der Herbst die Pfirsiche rötet und das
Laub kupferfarben tönt, daß die Sonne am Himmel auf- und niedergeht, ohne daß man sie jemals
sich bewegen sieht. Der Überschwang an Farben
und Düften berauschte mich. Überall, im grünen
Fischwasser, im Gewoge der Wiesen, unter dem sä-
geblättrigen Farnkraut, in der Tiefe des Unterhol-

zes, verbargen sich Schätze, die ich zu entdecken brannte.« (*Memoiren* 25f.)

Während Simone auf dem Land keine Probleme damit hatte, ganz allein für Stunden bei ihrer Entdeckungsreise durch die Natur zuzubringen, sehnte sie sich in Paris nach dem Kontakt mit Menschen. Da sich der herbeigesehnte Kontakt mit den anderen Stadtbewohnern nicht tatsächlich herstellen ließ, beschränkte sie sich eben auf die intensive Betrachtung , die sie aber nicht weniger in Entzücken versetzte. Bisweilen fühlte sie sich von der Art wie jemand ging oder gestikulierte oder auch von seinem Lächeln so sehr beeindruckt und angerührt, daß sie dieser fremden Person am liebsten sofort gefolgt wäre. Auch im *Jardin du Luxembourg* machte sie eines Tages eine solch eindrucksvolle Erfahrung.

>»Eines Nachmittags ließ im Luxembourggarten ein großes junges Mädchen in apfelgrünem Kostüm ein paar Kinder Seil hüpfen; sie hatte rosige Wangen und lachte auf eine muntere, zärtliche Art. Am Abend erklärte ich meiner Schwester: ›Ich weiß jetzt, was Liebe ist!‹ Ich hatte tatsächlich andeutungsweise etwas Neues erlebt. Mein Vater, meine Mutter, meine Schwester, alle, die ich liebte, gehörten mir. Zum ersten Male ahnte ich, daß man sich im innersten Herzen durch einen Strahl getroffen fühlen kann, der von anderswoher kommt.« (*Memoiren* 53)

Doch nicht nur als Spielplatz oder Ort der Begegnung war der *Jardin du Luxembourg* für Simone de Beauvoir von Bedeutung. Sie ging häufig in den *Jardin du Luxembourg* um dort zu lesen. Wenn das Wetter es zuließ, zog sie sich mit ihren Schätzen aus der Bibliothek oder aus dem *Maison des amis des livres* in den *Jardin du Luxembourg* zurück und vertiefte sich in der Sonne sitzend in ihre Lektüre. Manchmal wanderte sie später um das Wasserbecken herum und sprach sich Sätze vor, die es ihr besonders angetan hatten. (*Memoiren* 179f.)

Sogar während der Abiturvorbereitungen gestattete die Mutter Simone, wenn das Wetter gut war, sich zum Lernen in den *Jardin du Luxembourg* zu setzen, wo sie sich wie so häufig im englischen Teil in der Nähe einer Wiese oder beim Medicibrunnen einen Platz suchte. Ihre Kusine hatte ihr Kleider geschenkt, in denen Simone sich nicht länger fühlte wie ein Kind.

> »[M]it meinem Matrosenhut auf dem Kopf glaubte ich auszusehen wie ein erwachsenes junges Mädchen. Ich las Faguet, Brunetière, Jules Lemaître, ich atmete den Duft des Rasens ein und fühlte mich so frei wie die Studenten, die lässig durch den Garten bummelten. Ich verließ die Umzäunung und strich unter den Arkaden des Odéons umher;« (*Memoiren* 148)

In der Tat bummelte auch sie als Studentin durch den *Jardin du Luxembourg*. Die studentische Lässigkeit wurde jedoch durch Simone de Beauvoirs Hang zur Melancholie beschwert. Ein Lichtblick in diesen zeitweilig auftretenden düsteren Stimmungen war ihre Bekanntschaft mit Jean Pradelle, der die *École Normale* besuchte und den sie bei den Philosophieprüfungen notenmäßig überflügelt hatte. Pradelle, neugierig geworden, ließ sich mit Beauvoir bekanntmachen. Die beiden verstanden sich auf Anhieb gut und verabredeten sich während der Ferien, als alle ihre Freunde Paris verlassen hatten, im *Jardin du Luxembourg*, um dort spazieren zu gehen.

»[W]ir nahmen die Gewohnheit an, uns jeden Tag zu Füßen einer Königin aus Stein zu treffen. Ich war immer gewissenhaft pünktlich bei meinen Verabredungen: ich hatte solchen Spaß daran, ihn atemlos und Verwirrung heuchelnd heraneilen zu sehen, daß ich ihm für seine Verspätung beinahe dankbar war.« (*Memoiren* 235)

Beauvoir konnte sich mit Pradelle über alles unterhalten und fand in ihm einen ihr ebenbürtigen Gesprächspartner, der sie immer wieder mit seiner komplett anderen Lebenshaltung überraschte. Die Beauvoir so verhaßten gesellschaftlichen Unternehmungen, wie zum Beispiel zum Tanzen auszugehen, nahm er leicht hin und amüsierte sich sogar dabei. Ihre Strenge und seine Nachsichtigkeit standen sich manchmal scheinbar unüberwindbar gegenüber, aber verbunden wurden sie durch die Suche nach einer letzten Wahrheit. Pradelle kritisierte an ihr, daß sie zu schnell aufgegeben und sich der Verzweiflung hingegeben habe. Beauvoir bemängelte im Gegenzug, daß er sich an naive Hoffnungen klammere, und gemeinsam zerpflückten sie bei ihren Spaziergängen im *Jardin du Luxembourg* sämtliche philosophischen Modelle, die ihnen bekannt waren. Die Freundschaft mit Pradelle brachte Beauvoir da-

zu, sich selbst noch einmal zu überdenken und Abstand von der allzu unkritischen und überzogenen Selbsteinschätzung zu nehmen, die sie zu jener Zeit von sich hatte. (*Memoiren* 236f.) Ihm war es zu verdanken, daß sie ihre Liebe zur Philosophie wieder entdeckte, die sie schon fast aufgegeben hatte, und daß Simone de Beauvoir wieder zu ihrer Heiterkeit zurückfand.

»Er trug so leicht an der Last der Welt, daß sie auch mich nicht mehr niederzudrücken vermochte; im Luxembourggarten strahlten morgens der blaue Himmel, der grüne Rasen, die Sonne, wie an den schönsten Tagen. ›Es gibt so viele neuergrünende Äste in diesem Augenblick, sie verdecken vollkommen den Abgrund, der unter ihnen gähnt.‹ Das bedeutete, daß ich begann, Vergnügen am Leben zu finden, und meine metaphysischen Ängste vergaß.« (*Memoiren* 238)

Zwei Einträge vom 23. Mai 1929 aus ihrem Tagebuch geben einen bemerkenswerten Eindruck davon, wie sehr Simone de Beauvoir ihre Aufenthalte im *Jardin du Luxembourg* genoß und was es für sie bedeutete, sich dorthin zurückziehen zu können, um ihren Gedanken nachzuhängen.

»Der Jardin du Luxembourg, seine purpurroten Buchen und die Wiesen heißen mich für zwei Stunden willkommen, während ich eine satirische Schrift gegen Bergson lese. Junge Leute gehen vorbei. Eine Gruppe lachender junger Mädchen in Sommerkleidern läßt sich ganz in meiner Nähe nieder, sie haben ihre Schulhefte dabei. In diesen wundervollen Englischen Gärten erzähle ich mir Geschichten, manchmal lese ich oder träume einfach vor mich hin, aber, wie so oft schon in diesem Jahr, immer ist die Angst dabei, daß mein friedliches Glück mir ohne Grund genommen wird.« (*Tagebücher,* 23. Mai 1929)

»José entführt mich in die Hitze des Jardin du Luxembourg, wo wir uns bei einem kleinen Eiswagen ein Eis kaufen. Wir sitzen auf grünen Stühlen an schmiedeeisernen Tischen und trinken, fast ohne ein Wort zu sagen, Brause, träge und eingelullt vom Schritt der Vorbeigehenden und der Hitze, die von allem abstrahlt.« (*Tagebücher,* 23. Mai 1929)

Zehn Jahre später, als der Krieg gerade seit wenigen Tagen ausgebrochen war, bot der *Jardin du Luxembourg* ein gänzlich anderes Bild. Aufgewühlt und verwirrt über die jüngsten Ereignisse machte sich Simone de Beauvoir auf der Suche nach Abwechslung und Zerstreuung auf den Weg in den vertrauten Garten, der für sie immer eine friedliche Zufluchtsstätte gewesen war. Aber die erhoffte entspannende Wirkung blieb aus. Düster, trostlos und in keiner Weise vergleichbar mit dem sonnendurchfluteten Park, in dem Beauvoir so manchen glücklichen Sommer mit ihren Büchern und mit Freunden verbracht hatte, präsentierte sich jetzt der Stadtgarten wie ausgestorben.

>»Ich bin durch den Luxembourggarten gegangen, der still war wie der Tod. Das Bassin ist leer, alles versumpft. Sandsäcke um das Senatsgebäude. Eine zerbrechliche Sperre aus Parkstühlen trennt den Garten vom angrenzenden Petit Luxembourg. Soldaten heben die Erde aus; man sieht einen Haufen abgeschlagener Äste. Ich frage mich, was das Ganze soll.« (*Jahren* 333)

Cafés und Bars

Eine überaus wichtige Rolle in Beauvoirs Leben nahmen die Cafés und Bars von Paris ein, in denen sie so selbstverständlich ein und aus ging wie in ihrer eigenen Wohnung. In der Tat waren diese Plätze für Beauvoir sowohl Arbeitsplatz als auch eine Art zweites Zuhause. Gehörten die Cafés für sie zunächst in eine weit entfernte und unerreichbare Welt, die ihre besorgten Eltern von ihr fernzuhalten suchten, so eroberte sich Simone de Beauvoir diesen unbekannten, aus der Ferne schillernden Kontinent, um ihn später als selbstverständlichen Bestandteil ihrer alltäglichen Beschäftigungen in ihr Leben zu integrieren.

Das erste Café, in dem Beauvoir 1928 Bekanntschaft mit dem Nachtleben von Paris machte, war das *Stryx*. Dorthin ging sie eines Tages nach einem Kinobesuch zusammen mit ihrem Cousin Jacques und dessen Freund Riquet. Beauvoir, die noch nie in einem Café gewesen war, war fasziniert von den Flaschen, die mit Alkohol in den unterschiedlichsten Farben und Geschmacksrichtungen gefüllt waren, von den Schälchen mit Knabbereien und von den kleinen Tischen.

»Ich goß schnell meinen Cocktail hinunter, und da ich noch niemals einen Tropfen Alkohol getrunken hatte, nicht einmal Wein, den ich nicht mochte, war ich schnell im siebenten Himmel angelangt. [...] Ich sprach andere Kunden an, junge, sehr ru-

hige Leute aus den nordischen Ländern. Der eine
von ihnen spendierte mir einen zweiten Martini,
den ich auf ein Zeichen von Jacques hinter die Theke leerte. Um ganz auf der Höhe zu sein, zerschlug
ich ein paar Gläser; Jacques lachte, ich war selig.«
(*Memoiren* 257f.)

Natürlich war der Abend nach dem Aufenthalt im *Stryx*
noch längst nicht beendet, sondern die drei zogen mun-
ter weiter. Gegen zwei Uhr morgens kamen sie in der *Rotonde* an, wo Beauvoir es nicht lassen konnte, sich noch
einen Pfefferminzlikör zu gönnen. Unter dem Einfluß des
Alkohols kam ihr dann schon einmal die nächtliche Welt
ganz märchenhaft vor.

»Rings um mich her verschwammen aus einer anderen Welt auftauchende Gesichter; wundersame Geschehnisse spielten sich an allen Straßenecken ab. Durch eine unlösliche Gemeinsamkeit fühlte ich mich mit Jacques verbunden, ganz als hätten wir zusammen einen Mord begangen oder zu Fuß die Sahara durchquert.« (*Memoiren* 258)

Jaqcues brachte sie schließlich bis vor die Tür des Hauses in der *Rue de Rennes 71,* wo ihre Eltern bereits auf sie warteten, ihre Mutter in Tränen aufgelöst. Sie waren gerade von Jacques Elternhaus am *Boulevard Montparnasse* zurückgekehrt, wo sie ihre Tochter gesucht hatten, in der Befürchtung, Jacques könnte ihr zu nahe getreten sein. Beauvoir versuchte die Aufregung abzuwiegeln und erklärte, sie wären im Kino gewesen und hätten dann noch einen Kaffee in der *Rotonde* getrunken. Aber ihre Eltern beruhigten sich nicht, und Simone vergoß in der Aufregung einige Tränen. Um das Drama perfekt zu machen, mußte Jacques einige Tage später auch noch Paris verlassen, und das nächste Wiedersehen war nicht vor Ablauf eines Jahres möglich. Freundlicherweise hatte Jacques aber Simone den Tip gegeben, daß sie sich nur an seinen Freund Riquet zu wenden brauche, wenn sie Lust auf Abwechslung habe. Mit ihm traf sie sich noch einmal im *Stryx.* Allerdings hatte dieses Zusammentreffen wohl keine Chance gegen die Magie des ersten Abends, denn Simone war tödlich gelangweilt.

LA ROTONDE, BOULEVARD DU MONTPARNASSE NR. 103,
14. ARRONDISSEMENT

Die ersten Unternehmungen Simone de Beauvoirs in den Cafés und Kneipen von Paris, die sie auf eigene Faust veranstaltete, schienen alle unter einem wenig glücklichen Stern zu stehen. Die Langeweile, die sie bei Ausgehabenden mit anderen Freunden verspürte, hielt noch einige Zeit an. So auch an einem Abend, an dem sie ins Café *La Rotonde* gegangen war, um dort einen Aperitif zu sich zu nehmen. Sie war fast ganz allein, und außer ihr hielten sich dort nur noch ein paar junge Leute auf, die sich in vertraulichem Ton leise unterhielten. Das war nun nicht gerade das, was Simone de Beauvoir sich vorgestellt hatte.

»[D]ie Tische aus Tannenholz, die normannischen Bauernstühle, die rot und weißen Vorhänge schienen nicht mehr an Geheimnis zu bergen als die Hinterstube einer Bäckerei.« (*Memoiren* 259)

Doch mitten in dieser ruhigen und einschläfernden Ereignislosigkeit geschah plötzlich etwas, was »in diskreter Weise ans Wunderbare« rührte. Als sie sich anschickte zu gehen und sich zur Theke begab, um ihr Getränk zu zahlen, schüttelte der Barmixer den Kopf und wollte ihr Geld nicht annehmen. Dieser erstaunliche Zwischenfall, den sie sich niemals erklären konnte, ermutigte sie, die Cafébesuche fortzusetzen, auch wenn diese momentan alles andere als aufregend waren. (*Memoiren* 259)

JOCKEY, BOULEVARD DU MONTPARNASSE, 14. ARRONDISSEMENT

Das *Jockey* war ebenfalls ein Lokal, das Simone de Beauvoir während ihres Studiums gerne und häufig aufsuchte.
> »Jacques hatte mir davon erzählt, und ich liebte dort die bunten Wandmalereien, auf denen sich Chevaliers Strohhut mit Chaplins Schuhen und dem Lächeln Greta Garbos zusammenfand: ich liebte die schimmernden Flaschen, die bunten Fähnchen, den Geruch nach Tabak und Alkohol, die Stimmen, das Lachen, das Saxophon.« (*Memoiren* 260)

Die schillernde Aufmachung der Frauen, die sich dort aufhielten und den Männern ihre Dienste anboten, versetzte Simone de Beauvoir in helles Erstaunen. Fast erschienen sie ihr wie Wesen aus einer anderen Welt, die sie so in den Bann zogen, daß sie versuchte, sich an sie anzupassen. Sie benahm sich auffällig, begrüßte Gäste, die das Café mit Kopfbedeckung betraten, mit den Worten: »Hut ab!« und riß sie herunter, warf Gläser auf die Erde, hielt vor den Cafébesuchern laute Reden und sprach die Stammgäste an. Manchmal versuchte sie ihnen einzureden, selbst ein Straßenmädchen oder gar ein Modell zu sein, was ihr allerdings aufgrund ihres schülerinnenhaften Äußeren, ohne Schminke und ohne die entsprechende Kleidung, schwergefallen sein dürfte. Bisweilen nahm sie ihre Schwester Poupette mit zu diesen abenteuerlichen Unternehmungen, die hingebungsvoll bei dem Theater mitmachte. Die beiden setzten sich die Hüte schief auf, um verrucht zu wirken und führten richtige Szenen auf, bei der sie nacheinander die Bar betraten und dann an der Theke einen handfesten Streit vom Zaun brachen. Diese Spiele wurden von der Belegschaft und von den Besuchern des Cafés offensichtlich geduldig hingenommen. (*Memoiren* 260f.)

Die Cafébesuche machten Simone de Beauvoir großen Spaß, und da sie zu jener Zeit kein eigenes Einkommen hatte und außer den fünf Francs, die ihr die Mutter täglich für das Mittagessen gab, sonst über kein Geld verfügte, mußte sie sehr sparsam haushalten. Wie wichtig ihr die Besuche im Café waren, kann man daran erkennen, daß sie begann, Preise – von Büchern zum Beispiel – automatisch auf die Anzahl von Cocktails umzurechnen, die man sich dafür hätte leisten können:

> »Auf alle Fälle richtete ich mein Budget ganz und gar auf diese Orgien aus. ›Bei Picart in *Onze chapitres sur Platon* von Alain geblättert. Kostet acht Cocktails; zu teuer.‹« (*Memoiren* 282)

JUNGLE, BOULEVARD MONTPARNASSE, 14. ARRONDISSEMENT

Nachdem sich schließlich nach zahllosen Besuchen unterschiedlicher Cafés und Bars die erste Faszination für diesen neuen Zeitvertreib gelegt hatte, wurde auch die Lust geringer, sich abends noch einmal unters Volk zu mischen. Allerdings fiel es Simone de Beauvoir sehr schwer, nach einem langen und anstrengenden Tag in der Bibliothek oder der *Sorbonne* zu Hause und ohne Ablenkung eingesperrt zu bleiben. Bei der Suche nach etwas Abwechslung landete sie wiederum am *Montparnasse.*

Ihre Schwester Poupette hatte sich inzwischen mit einer Mitschülerin zusammengetan. Gégé war siebzehn Jahre alt, hübsch, und sie ging leidenschaftlich gern aus.

Irgendwann entschlossen sich die drei, obwohl sie kein Geld hatten, gemeinsam ins *Jungle* zu gehen, ein neues Café, das gerade gegenüber vom *Jockey* eröffnet hatte. Gégé zeigte sich wegen des Geldmangels wenig beeindruckt und empfahl Simone, schon einmal hineinzugehen und sich an die Bar zu setzen. Gégé und Poupette blieben draußen, machten traurige Gesichter und breiteten wortreich ihr Unglück vor den vorbeigehenden Passanten aus. Einem von ihnen konnten sie schließlich das Herz erweichen, und er gab ihnen das nötige Geld, das ihnen noch fehlte. In diesen Angelegenheiten hatte Gégé offensichtlich eine glückliche Hand. (*Memoiren* 295f.)

»Man zahlte uns Drinks und tanzte mit uns. Eine Zwergin, die Chiffon genannt wurde und die ich

90

bereits im ›Jockey‹ gehört hatte, sang und trug Obszönitäten vor, während sie ihre Röcke hob; sie stellte striemenbedeckte Schenkel zu Schau und erzählte, wie ihr Liebhaber sie mit Bissen traktierte. In gewisser Weise war es ganz erfrischend. Wir gingen noch öfter hin. (*Memoiren* 296)

Bei allem Vergnügen, das Simone de Beauvoir am Ausgehen hatte, geriet sie dennoch manchmal ins Grübeln darüber, warum es sie immer wieder zu diesen etwas fragwürdigen Etablissements hinzog.

Européen

Eines Tages erstand sie im *Européen* einen Balkonplatz für vier Francs, wo sie sich inmitten eines kunterbunten Publikums wiederfand. Sie nahm Platz zwischen ungepflegten und heruntergekommenen Frauen und Männern, selbstvergessen schmusenden Pärchen und schrill geschminkten Straßenmädchen, die beim Anblick des Sängers hysterisch wurden. Über allem lag ein lautes Lachen als Antwort auf die obszönen Witze, die dort gerissen wurden. Von dieser Atmosphäre, die so manch anderem wahrscheinlich unheimlich gewesen wäre, war Simone de Beauvoir begeistert, und sie fühlte sich mitgerissen. Gleichwohl beobachtete sie ihr Verhalten und fragte sich beklommen, was es sein mochte, daß sie nicht vor Abscheu erstarrte, sondern im Gegenteil, begeistert an diesem Treiben teilnahm.

Auf der Suche nach Antworten lief sie den *Boulevard Barbés* auf und ab und beobachtete die käuflichen jungen

Frauen und Männer, allerdings nicht länger ängstlich, sondern neidvoll. Sie entdeckte an sich ein »monströses Verlangen nach Lärm, nach Kampf, nach Wildheit und vor allem nach Versinken ...« (*Memoiren* 297) und fragte sich, wie lange es wohl noch dauern würde, bis sie drogensüchtig oder alkoholabhängig würde. Einerseits zutiefst erschrocken über »diese ›Perversion‹, über die ›niederen Instinkte‹«, die ihr offenbar zueigen waren, war sie andererseits nicht bereit, diesen Hunger in sich zu unterdrücken.

> »Ich will das Leben, das ganze Leben. Ich fühle mich voller Neugier, voll Gier, glühender zu brennen als irgendeine andere, von welcher Flamme auch immer es sei.‹« (*Memoiren* 297)

LE SÉLECT, BOULEVARD DU MONTPARNASSE NR. 99, 14. ARRONDISSEMENT

Simone de Beauvoirs Faszination und auch Sympathie für die skurrilen Typen der Pariser Cafészene, die sie mit fast allen ihrer Freunde teilte, blieb bestehen. Mit ihrer Freundin Olga ging sie unter anderem in das *Sélect,* in dem sich auch die *Garçonnes* einfanden, mit Krawatten und

Monokeln ausstaffiert, ganz wie es damals für lesbische Frauen schick war. Diese Frauen fanden allerdings nicht den uneingeschränkten Beifall von Beauvoir und Olga, die das Gebaren der *Garçonnes* für eine exhibitionistische Selbstinszenierung hielten. (*Jahren* 240)

LA COUPOLE, BOULEVARD DU MONTPARNASSE NR. 102, 14. ARRONDISSEMENT

Es gab jedoch bisweilen auch unheimliche Gestalten, die sie in den Cafés antrafen. So wurden sie eines Abends im *Coupole* von einem Mann mit Segelohren fixiert, der ihnen schließlich eine handschriftliche Botschaft zukommen ließ, die sich eindeutig auf eher ungewöhnliche Sexualpraktiken bezog. Beauvoir und Olga traten daraufhin fluchtartig den Aufbruch an.

> »Wir stürzten hastig unsere Getränke hinunter. Als wir an ihm vorbeigingen, murmelte er: ›Sagen Sie, ich soll auf allen vieren durch den Saal kriechen, ich tu's.‹ Einige Wochen später sahen wir ihn an der Seite einer Frau, mit steifem Kragen, Krawatte, Schaftstiefeln und einem bösen Gesichtsausdruck; er schien in Trance zu sein.« (*Jahren* 240)

Das *Coupole* gehörte aber wegen seines guten Rufes und seiner Atmosphäre zu den Lieblingscafés der Beauvoir. Nachdem sie zu Hause ausgezogen war und das Appartement im Haus ihrer Großmutter gemietet hatte, verkehrte sie dort täglich und trank allabendlich ihre Tasse Schokolade.

»Ich genoß die Schokolade, [...], die lange Siesta, die Nächte ohne Schlaf, aber das schönste war, daß ich mich meinen Launen ungehindert überlassen konnte.« (*Jahren* 14)

Als sie sich viel später von einer schweren Lungenerkrankung erholte, brachte Sartre ihr aus dem *Coupole* das Essen ans Bett, was wahrscheinlich nicht nur daran lag, daß das Café sich in unmittelbarer Nähe zu dem Hotel befand, in dem Beauvoir zu der Zeit ihr Zimmer hatte, sondern weil er sicher sein konnte, dort etwas Gutes zu bekommen. Sartre war ihr treuer Begleiter, wenn es darum ging, die Cafés und Lokale von Paris unsicher zu machen, nachdem sie sich Anfang Juli 1929 kennengelernt hatten. Als Beauvoir Ende 1929 bei ihren Eltern ausgezogen war und das

Appartement im Mietshaus ihrer Großmutter gemietet hatte, stürzte sie sich voller Begeisterung ins Großstadtleben, da sie nun von niemandem mehr ohne weiteres kontrolliert werden konnte. Dazu gehörten natürlich ausgedehnte Streifzüge durch die Pariser Bars. Diese Streifzüge unternahm sie häufig zusammen mit Sartre, der solchen Umzügen nicht abgeneigt war. So tourten die beiden gemeinsam durch sämtliche Cafés und Lokale, die in Paris zu finden waren, stießen dabei aber recht schnell an ihre finanziellen Grenzen. Beauvoir verdiente gerade so viel, daß sie damit über die Runden kam, und Sartre lebte von einer bescheidenen Erbschaft. Daß sie damit keine großen Sprünge machen konnten, verdarb ihnen dennoch nicht die Freude am Leben. Sie hatten sich zwar nicht gerade einer asketischen Lebensweise verschrieben, aber praktischerweise verlangte es sie nur nach dem, was ihnen auch zugänglich war. Wie später in ihrem Leben machte Beauvoir aus der Not eine Tugend: Sie ärgerte sich zum Beispiel nicht darüber, daß sie kein Auto besaß, sondern freute sich über die schönen Dinge, die sie beim Spaziergang entdeckte und die ihr bei einer Autofahrt entgangen wären. Sie genoß ihr Leben in vollen Zügen.

»Wenn wir in meinem Zimmer Brot und falsche Gänseleberpastete verzehrten, wenn wir in der Brasserie ›Demory‹ zu Abend aßen, im dumpfen Bier- und Sauerkrautgeruch, den Sartre gern hatte, fühlten wir uns nicht im geringsten benachteiligt. Abends im ›Falstaff‹ oder im ›College Inn‹, tranken wir wie Snobs unseren Bronx, Side-Car, Baccardi,

Alexandra, Martini. Ich hatte eine Schwäche für die Met-Cocktails, die es im ›Vikings‹ gab, für die Aprikot-Cocktails, die Spezialität des ›Bec de Gaz‹ in der Rue Montparnasse. Was hätte die Ritz-Bar uns mehr bieten können? Wir feierten unsere Feste. Eines Abends aß ich im ›Vikings‹ Huhn mit Preiselbeeren, während auf dem Podium ein Orchester den Modeschlager spielte: *Pagan love song.* Ich wußte, daß dieser Festschmaus mich nicht so in Hochstimmung gebracht hätte, wenn er keine Ausnahme gewesen wäre. Gerade die Bescheidenheit unserer Mittel trug zu meinem Glück bei.« (*Jahren* 18)

Durch ihren Auszug hatte Beauvoir sich weitgehend von den familiären Verpflichtungen befreit, besuchte aber ihre Eltern weiterhin, um gemeinsam mit ihnen zu essen. Zu diesem Zeitpunkt hatte ihr Lebensstil sich schon so weit von dem ihrer Eltern entfernt, daß es schwierig war, ein Thema zu finden, das nicht konfliktträchtig war. Wenn sich Bekannte nach Beauvoirs Wohlergehen erkundigten, antwortete ihr Vater, daß sie auf dem besten Wege sei, in Paris dem Lotterleben anheimzufallen. Auch wenn das nicht gerade zutraf, so ließ sie keine Gelegenheit aus, sich mit Freunden und Bekannten zu amüsieren.

»Ich ging mit Rirette Nizan in ›La Lune rousse‹, und wir beendeten den Abend mit Aquavit im ›Vikings‹. Wieder besuchte ich ›Jockey‹ und ›La Jungle‹ mit meiner Schwester und Gégé; ich verabredete mich mit jedem, ich ging mit jedem aus, oder fast mit jedem. Fernand hatte mich zu abendlichen Zusammenkünften im Café an der Ecke Boulevard Raspail und Avenue Edgar-Quinet mitgenommen; ich ging häufig hin. Dort traf ich den Maler Robert Delaunay und seine Frau Sonja, die Stoffmuster entwarf; Cossio, der ausschließlich kleine Schiffe malte; den Neutöner Varèse; den chilenischen Lyriker Vincent Huidobro. Manchmal erschien Blaise Cendrars: sobald er den Mund aufmachte, schrie die ganze Versammlung. Die Abende wurden ausgefüllt mit heftigen Angriffen auf die menschliche Dummheit, die Verrottung der Gesellschaft, die gängige Kunst und Literatur. Jemand schlug vor, den Eiffelturm zu mieten und daran in flammenden Lettern das Wort *Merde!* anzubringen. Ein anderer wollte die Welt mit Petroleum übergießen und in Flammen stecken. Ich beteiligte mich nicht an diesen Verwünschungsorgien, aber ich liebte den Rauch, das Gläserklirren, den Klang der erregten Stimmen, während über Paris die Stille herabsank. Eines Nachts, nachdem das Café zugemacht hatte, zog die ganze Bande ins ›Sphinx‹, und ich mit. Toulouse-Lautrec und van Gogh hatten mich auf die Idee gebracht, ein Bordell sei eine höchst poetische Stätte: ich wurde nicht enttäuscht. Die Einrichtung, deren Abgeschmacktheit noch schreiender war als das Innere von Sacré-Cœur, die Beleuchtung, die halbnackten Frauen unter den luftigen bunten Geweben, das schlug bei weitem die idiotischen Gemälde und Jahrmarktsbuden, die Rimbaud so teuer waren.« (Jahren 49)

LE DÔME, BOULEVARD DU MONTPARNASSE NR. 108,
14. ARRONDISSEMENT

Beliebtester Treffpunkt mit Sartre war jedoch das Café *Le Dôme,* in dem Simone de Beauvoir Zeit ihres Lebens Stammgast war. Im Jahre 1936 hatte sie sich das *Le Dôme* zum Hauptquartier erwählt, und wenn sie nicht ins *Lycée Molière* mußte, in dem sie zu jener Zeit unterrichtete, nahm sie dort ihr Frühstück ein. Wenn sie schreiben wollte, tat sie das nicht in ihrem Hotelzimmer, sondern kam ins *Le Dôme,* um dort im hinteren Teil des Cafés zu arbeiten. Deutsche Flüchtlinge lasen dort Zeitung oder vertrieben sich die Zeit mit Schach, und Fremde aller Nationalitäten waren in Diskussionen vertieft. Von dem ständigen, wenn auch gedämpften Geräuschpegel fühlte Simone de Beauvoir sich nicht so sehr gestört. Im Gegenteil, sie bekam dort Anregung und Ermutigung von ihren Freunden, denn wie so viele andere Schriftsteller auch, empfand sie es als viel bedrückender, vor einem leeren Blatt Papier zu sitzen und nicht zu wissen, wo sie anfangen sollte. Immerhin war sie auch zum Vergnügen da. Zusammen mit Sartre und Olga genoß sie das bunte Treiben insbesondere der Frauen, die sie interessanter fanden als Männer.

»Nachts tranken sich Amerikanerinnen majestätisch einen Rausch an. Künstlerinnen, Künstlerfrauen, Modelle, kleine Schauspielerinnen vom Theater Montparnasse, ganz oder teilweise ausgehaltene, hübsche und weniger hübsche Mädchen – es machte uns Spaß, sie zu beobachten, wie sie über ihrem Kaffee träumten, mit ihren Freundinnen klatschten, sich vor ihren Männchen aufspielten. Sie waren billig, aber nicht ohne Schick gekleidet; manche trugen Kleider von altmodischer Eleganz, die sie auf dem Flohmarkt gekauft hatten.« (*Jahren* 239f.)

Offensichtlich hatten die anderen Gäste des *Dôme* relativ schnell herausgefunden, daß Beauvoir und Sartre über vergleichsweise viel Geld verfügten, weshalb sie oft um Geld angegangen wurden. Dafür entschädigten sie die beiden mit interessanten Geschichten, die von vorne bis hinten erlogen waren. Doch auch aus diesem Umstand zog Simone de Beauvoir großes Vergnügen, da sie ohnehin große Sympathien für die verkrachten Existenzen empfand, von denen sie jeden Tag umgeben war und deren Gesellschaft sie genoß. (*Jahren* 241)

Der Zweite Weltkrieg, der drei Jahre später ausbrach, schockierte Simone de Beauvoir zutiefst. Bis zur letzten Minute hatte sie, genau wie viele ihrer Freunde auch, versucht sich einzureden, daß es nicht so weit kommen würde. In ihrer Angst und Verzweiflung begann sie, ein Tagebuch zu führen (*Jahren* 323). Während dieser unsicheren Zeit traf sie sich eines Tages mit Freunden zum Essen im *Le Dôme*. Sie wetteten, daß es nicht zum Krieg kommen werde. Nachmittags um halb vier wurden die Fenster des *Dôme* mit dicken blauen Vorhängen abgehängt. Im Radio brachte man die Nachricht, daß England bereits am Morgen den Krieg erklärt habe und daß Frankreich noch am selben Tag nachziehen werde (*Jahren* 324). Das *Café Flore* wurde für's erste geschlossen, das *Dôme* mit noch dickeren Vorhängen verdunkelt, auf den Straßen waren nun Soldaten in Uniform und Menschen mit Gasmasken zu sehen. Bombenalarm und Entwarnung wechselten sich ab. (*Jahren* 326f.)

> »Auf der Place Edgar-Quinet heben die Leute den Kopf und sehen zu, wie dicke, graue Würste in einen grau-rosa Himmel steigen. Ich setze mich ins ›Dôme‹, um mein Tagebuch weiterzuschreiben. Jetzt muß man in den Cafés sofort zahlen, damit man bei Alarm gleich aufbrechen kann.« (*Jahren* 330)

Gleich zu Beginn des Krieges war Sartre eingezogen und zum Wetterdienst eingeteilt worden. Da er Paris verlassen mußte, blieb Beauvoir allein zurück. Um sie auf dem Laufenden zu halten, schickte Sartre ihr zwei Sorten von Briefen: eine karge Version, die den Vorschriften entsprach, und eine unzensierte Version, die ihr auf Umwegen zugeschickt wurde. Dieser schriftliche Kontakt nahm Beauvoir immerhin die schlimmsten Ängste, was Sartres Wohlergehen anging (*Jahren* 406). Abgesehen davon trafen immer neue Schreckensbotschaften in Paris ein, und auch die Hauptstadt blieb nicht vom Elend verschont.

Während des sehr kalten Winters im Jahre 1940 fielen die Temperaturen für mehrere Tage unter Null Grad. Der Mangel an Kohlen und das daraufhin ungeheizte Zimmer zwangen Simone de Beauvoir dazu, in ihrer Skiausrüstung zu Bett zu gehen. Das Aufstehen wurde ihr wegen der eisigen Kälte zur Qual.

> »Ich schlotterte beim Anziehen. Wegen der ›deutschen Zeit‹ lag noch Nacht auf den Straßen, wenn ich fortging. Ich eilte auf der Suche nach ein bißchen Wärme ins ›Dôme‹. Das Lokal war für Deutsche nicht mehr verboten, und während ich meinen Kaffee-Ersatz hinuntergoß, breiteten die ›grauen Mäuse‹ auf ihrem Tisch Butter und Marmelade aus und gaben dem Kellner einen Beutel mit echtem Tee.« (*Jahren* 406)

Wie schon zuvor arbeitete Simone de Beauvoir in ihrer Ecke im hinteren Teil des Cafés und schrieb. Aber es war still und einsam geworden, da die meisten Gäste, die sie kannte, nicht mehr herkamen.

LES DEUX MAGOTS, BOULEVARD SAINT-GERMAIN
NR. 170, 6. ARRONDISSEMENT

Zwischen 1945 und 1947 arbeitete Simone de Beauvoir regelmäßig im *Deux Magots,* das sie erstmals im Frühling 1929 mit ihrer Freundin Stépha besucht hatte. *(Tagebücher).* Sie traf sich dort auch mit Sartre, um seine Manuskripte zu besprechen.

»Ich esse [...] bei ›Lipp‹, hole dann Sartre ab. Wir setzen uns auf die Terrasse der ›Deux Magots‹, es ist schönes Wetter. Wir revidieren das Exemplar von *Morts sans sépulture [Tote ohne Begräbnis],* um es Nagel zum Abtippen zu geben.« (*Dinge* 83)

Das Arbeiten und Schreiben war für Simone de Beauvoir

eine essentielle Angelegenheit, ohne die sie sich ein erfülltes Leben nicht vorstellen konnte. Es machte sie unzufrieden, wenn sie nichts hatte, das ihren Geist anregte.

»Mein Essay war fertig, und ich fragte mich: Was tun? Ich setzte mich in die ›Deux Magots‹ und starrte auf das leere Blatt Papier. Ich spürte in den Fingerspitzen das Bedürfnis zu schreiben und in der Kehle den Geschmack der Worte, aber ich wußte nicht, was ich machen sollte.« (*Dinge* 97)

In ihrem Bedürfnis nach intellektueller Auseinandersetzung war sie rastlos. Kaum hatte sie eine Arbeit abgeschlossen, drängte es sie auch schon wieder, mit etwas anderem weiterzumachen. Ein Freund, der sich im *Deux Magots* aufhielt, fragte sie eines Tages, warum sie so betrübt dreinschaue, und als Beauvoir ihm von ihren Schwierigkeiten erzählte, einen neuen Anfang zu finden, empfahl er ihr, einfach irgendwo anzufangen. Irgendwann kam ihr dann die Idee, von sich zu erzählen, weil ihr »die Märtyrer-Essays, in denen man sich vorbehaltlos preisgibt« (*Dinge* 97) so gut gefielen. Dieser Gedanke füllte sie mehr und mehr aus, und sie begann, sich mit der Frage zu beschäftigen, welche Rolle ihr Geschlecht in ihrem Leben gespielt hatte. Zunächst hielt sie diese Frage für unwesentlich, da sie nie darunter gelitten hatte, eine Frau zu sein, und sich auch nie benachteiligt gefühlt hatte. Das Bewußtsein dafür, daß sie trotzdem anders erzogen worden war als ein Mann, und die vielen Gespräche mit Sartre, der sie in ihrem neuen Vorhaben bestärkte, veranlaßten sie aber, sich die Sache näher anzusehen.

»Ich untersuchte es genauer und machte eine Entdeckung: Diese Welt ist eine Männerwelt, meine
Jugend wurde mit Mythen gespeist, die von Männern erfunden worden waren, und ich hatte keines-
wegs so darauf reagiert, als wenn ich ein Junge gewesen wäre.« (*Dinge* 98)

Auf diese Entdeckung hin entschloß sie sich, die Situation der Frau auf einer globaleren Ebene zu untersuchen,
anstatt es bei einem persönlichen Essay zu belassen, in dem
es nur um sie selbst gehen würde. Sie war so fasziniert von
der Idee und von dieser neuen intellektuellen Herausfor-
derung, daß sie umgehend mit den Recherchen dazu begann. Sie beschaffte sich sofort die entsprechende Literatur, um »die Mythen des weiblichen Geschlechts zu
untersuchen« (*Dinge* 98). Es scheint so, als habe der in-

itiale Funke zu dem berühmtesten ihrer Werke *Das andere Geschlecht* im *Les Deux Magots* gezündet.

CAFÉ DE FLORE, BOULEVARD SAINT-GERMAIN NR. 172, 6. ARRONDISSEMENT

»Das ›Flore‹ hatte seine Sitten, seine Ideologie. Die kleine Gemeinde der Getreuen, die sich dort täglich traf, gehörte nicht ganz zur Bohème und nicht ganz zur Bourgeoisie. Die meisten hatten lose mit dem Film und dem Theater zu tun. Sie lebten von unsicheren Einkünften, Notbehelfen und Hoffnungen. Ihr Gott, ihr Orakel, ihr Denkmeister war Jacques Prévert, dessen Filme und Gedichte sie verehrten, dessen Sprache und Ausdrucksweise sie zu imitieren suchten. Auch uns gefielen die Gedichte und Lieder Préverts, sein träumerischer und ein wenig verschrobener Anarchismus entsprach uns vollkommen.« (*Jahren* 297)

Im Oktober 1938 hatte Beauvoir begonnen, zusammen mit Olga, einer Freundin, und Sartre ihre Abende im *Café de Flore* zu verbringen. Sie standen den jungen Leuten, die ihre Zeit im *Flore* mit Müßiggang verbrachten, mit gemischten Gefühlen gegenüber. Obwohl sie sich langweilten, waren sie nicht Willens, gegen ihre Trägheit etwas zu unternehmen. Ihre einzige Beschäftigung schien darin zu bestehen, Affären im engsten Freundeskreis zu haben und über die Schlechtigkeit der Menschen zu klagen. Sonntagabends besuchte man dann einen Ball, der von Schwarzen in der *Rue Blomet* abgehalten wurde. Auch Beauvoir ging manchmal mit Olga dorthin. Es war zu der Zeit noch sehr ungewöhnlich, sich als Weiße unter Schwarze zu begeben oder sogar zu ihnen auf die Tanzfläche zu gehen. Manche versuchten es trotzdem und machten sich nach Beauvoirs Meinung lächerlich bei dem Versuch, den Tanzstil der Afrikaner zu imitieren.

»Ich verfiel nicht dem Snobismus der Leute aus dem ›Flore‹, ich bildete mir nicht ein, an dem großen erotischen Mysterium Afrikas teilzuhaben; aber ich sah den Tänzern gern zu. Ich trank Punsch; der Lärm, der Rauch, die Alkoholdünste, die peitschenden Rhythmen des Orchesters betäubten mich. Durch diese Nebel sah ich schöne, glückliche Gesichter vorübergleiten. Mein Herz schlug ein wenig schneller, wenn der Tumult der Schlußquadrille ausbrach. Mir war, als nehme in dem Rausch der entfesselten Leiber meine eigene Lebensglut Substanz an.« (*Jahren* 298)

Etwa vier Jahre später, als der Zweite Weltkrieg schon in vollem Gange war, hatte sich das Bild verändert. Die fröhlichen Feiern und rauschenden Bälle schienen einer weit entfernten Vergangenheit anzugehören. Im kalten Winter 1942 gab es kaum Kohlen, kaum Strom, so daß nicht einmal die Metro voll funktionstüchtig war. Stromsperren zwangen dazu auf Kerzen auszuweichen, an die kaum heranzukommen war. Diese Umstände machten es Simone de Beauvoir unmöglich, in ihrem Hotelzimmer zu arbeiten. Sie flüchtete sich ins *Café de Flore*.

»Im ›Flore‹ war es nicht kalt. Azetylenlampen verbreiteten ein wenig Licht, wenn die Birnen erloschen. Damals gewöhnten wir uns an, jede freie Minute dort zu verbringen. Es bot uns nicht nur einen relativen Komfort. Es war unsere *querencia,* wir fühlten uns dort zu Hause, geborgen. Vor allem im Winter bemühte ich mich, schon da zu sein, wenn das Café geöffnet wurde, um den besten Platz zu ergattern, neben dem Ofenrohr, wo es am wärmsten war.« (*Jahren* 452)

Simone de Beauvoir freute sich jeden Morgen darauf, wenn der Besitzer Boubal, der über dem Café wohnte, um acht Uhr herunterkam, um die Türen aufzuschließen, und so Leben in das Café einließ. Er war ein explosiver Mensch,

der sich besonders in den frühen Morgenstunden sehr schnell aufregte und dann seine Belegschaft unerbittlich vor sich her trieb. Eines Tages hatte er einen Kaffee-Ersatz gekauft, ohne zu bemerken, daß er unangenehm roch. Erstaunlicherweise gab es keine Beanstandungen von den Gästen, was Boubal mit einer Art grimmiger Befriedigung bemerkte: »Denen könnte man Scheiße hinstellen, sie würden sie fressen!« (*Jahren* 453) Irgendwann, wenn Boubal sich beruhigt hatte, kam seine Frau herunter, um die Kasse zu machen. Kurz darauf tauchten auch schon die ersten Gäste auf.

»Ich betrachtete voll Neid eine rothaarige, pferde-
gesichtige Buchhändlerin aus der Rue Bonaparte,
die immer von einem schönen jungen Mann begleitet war und Tee und Marmeladetöpfchen zu
sündhaften Preisen bestellte. Die meisten begnügten sich wie ich mit einem schwärzlichen Gebräu.«
(*Jahren* 453)

Wie Beauvoir kamen auch die anderen Stammgäste ins
Flore, um dort zu arbeiten. Die meisten von ihnen kannte sie. Einer von ihnen, Mouloudji, kam stets zu Beauvoir
und zeigte ihr alles, was er geschrieben hatte, und sie er-

mutigte ihn, da sie ihn für begabt hielt. Sie half ihm dabei, seine Texte zu korrigieren oder beriet ihn in Stilfragen. So gut die beiden sich auch verstanden, der Wirt war nicht begeistert von diesem Gast.

»Boubal haßte ihn, weil er schlampig gekleidet und schlampig frisiert war und weil er manchmal stundenlang einen Tisch mit Beschlag belegte, ohne etwas zu bestellen. Ab und zu spielte er in einem Film, aber sowie er Geld bekam, schenkte er es seinem Vater und seinem Bruder, verteilte es unter seinen Kumpanen. Er war immer abgebrannt.« (*Jahren* 453)

Zwei Journalisten, die jeden Tag zur selben Uhrzeit erschienen, gehörten ebenfalls zu den Stammgästen des *Café de Flore*. Sie zogen sich in den hinteren Teil des Cafés zurück, lasen Zeitung und gaben ihre Kommentare zu den Tagesereignissen ab, die deutlich ihre politische Meinung zeigten. Wegen ihrer Dummheit hielt Beauvoir sie für gefährlich. Die beiden Journalisten waren offensichtlich auch bei den anderen Gästen des *Flore* unbeliebt, denn niemand setzte sich je zu ihnen oder unterhielt sich mit ihnen.

Ebenfalls in Verdacht für die Gestapo zu arbeiten stand Zizi Dugommier, eine ältere Frau, die ihre Zeit damit zubrachte, Heiligenbilder zu kolorieren. Sie zog sich häufig auf die Toilette zurück und schloß sich dort lange ein. Angeblich schrieb sie dann Berichte für die Gestapo, man wußte nur nicht worüber. Einige glaubten, daß sie die Telefonate belauschte, die einige Gäste mit kaum gezügelter

Lautstärke im *Flore* führten, da sie sich wegen der abgeschlossenen Telefonkabine in Sicherheit wiegten. Simone de Beauvoir hatte selbst großen Spaß daran, den Telefongesprächen zu lauschen. Manchmal wohnte sie auf diese Weise recht spektakulären Szenen bei. Einmal wurde sie Zeugin eines offensichtlich endgültigen Abschieds von einem Geliebten, der von einer alternden Schauspielerin so dramatisch inszeniert wurde, als sei es tatsächlich ein Theaterstück. Mit dieser Ungeniertheit war es aber eines Tages vorbei. Der Wirt hatte die Kabinentür eingeschlagen, und alle mäßigten sich, weshalb es für Zizi, wenn sie tatsächlich ein Spitzel war, nicht mehr viel zu hören gab. (*Jahren* 454f.) Man fragte sich, ob es noch andere von ihrer Sorte gab, denn es wurden zu Beginn der Besatzungszeit ein paar Stammgäste des *Flore* verhaftet. Keiner wußte, wer sie verraten hatte, und man sah sich jetzt auf jeden Fall mehr vor, wenn man konspirative Absichten hatte. Einige Widerstandskämpfer führten nur zum Schein ein Leben im Caféhaus, so wie Pierre Bénard, der morgens immer zur selben Zeit kam und den ganzen Tag allein blieb. Sein Äußeres ließ keine Rückschlüsse darauf zu, was er eigentlich trieb, genausowenig wie es den jungen Männern anzusehen war, die den ganzen Tag die Rolle des rauchenden und flirtenden Müßiggängers spielten.

Da die Gäste des *Flore* eher Gegner des Faschismus und der Kollaboration waren und daraus keinen Hehl machten, ließen sich die Besatzer nie im *Flore* blicken. Doch einmal wagte sich ein junger deutscher Offizier hinein, um dort zu lesen. Er brach rasch wieder auf, wahrscheinlich weil er spürte, daß er dort nicht gern gesehen war. (*Jahren* 455)

Im Gegensatz dazu konnte bei allen anderen Gästen von einem raschen Aufbruch kaum die Rede sein. Wer sich ins *Flore* begab, richtete sich dort nahezu häuslich ein. Und das taten viele.

> »Im Lauf des Vormittags füllte sich der Saal allmählich. Zur Zeit des Apéritifs war er voll. Picasso lächelte Dora Marr zu, die einen großen Hund an der Leine hielt. Léon-Paul Fargue saß schweigend da, Jacques Prévert schwang Reden. An den Tischen der Filmleute, die sich seit 1939 fast täglich hier einfanden, waren lärmende Diskussionen im Gang.« (*Jahren* 455)

Es waren allerdings nicht nur Berühmtheiten, die sich an den Tischen des *Flore* tummelten, sondern es waren auch einige ›Originale‹ des Viertels anzutreffen wie zum Beispiel der alte Mann, den man den Marquis oder auch den Gaullisten nannte. Man sah ihn immer mit zwei jungen Frauen zusammensitzen, die er angeblich aushielt. Sie spielten gemeinsam Domino, und hin und wieder trompetete er ihnen neueste Meldungen der BBC ins Ohr, die sich sofort im *Flore* herumsprachen. Währenddessen gaben die beiden Journalisten im hinteren Teil des Cafés weiterhin ihre Kommentare ab.

Beauvoir verließ das Café zum Mittagessen, das sie in ihrem Hotel einnahm, und wenn sie nicht unterrichten mußte, nahm sie danach bis zum Abendessen wieder ihren Stammplatz im *Flore* ein. Nach dem Abendessen kam sie ebenfalls wieder und blieb dann bis zum Schluß. Beauvoir beschrieb es als angenehmen »Schock, wenn man abends aus der kalten Dunkelheit in diese lauwarme, helle, mit schönen roten und blauen Farben tapezierte Höhle trat«. (*Jahren* 455)

Bisweilen war der engste Freundeskreis von Simone de Beauvoir komplett im *Flore* versammelt, und man saß über das ganze Café verteilt. Doch die einzigen, die abends kein Ende fanden, waren sie und Sartre, und es gab Witze darüber, daß man die beiden eines Tages noch im Café begraben werde. (*Jahren* 455)

Das *Flore* war für Beauvoir und Sartre eine Reminiszenz der Friedensjahre, »aber der Krieg brach auch in unsere querencia ein«. (*Jahren* 456)

> »Nachmittags und Abends gab es oft Alarm. Boubal jagte holterdiepolter die Gäste hinaus und verriegelte die Türen. Sartre, ich und zwei oder drei andere genossen Sonderrechte. Wir durften in den ersten Stock hinauf und blieben dort bis zur Entwarnung. Um den Umzug zu vermeiden und auch um dem Krach im Erdgeschoß zu entkommen, gewöhnte ich mir an, nachmittags sofort in den ersten Stock hinaufzuklettern. Einige andere Arbeiter der Feder richteten sich ebenfalls hier oben ein, wohl aus den gleichen Gründen wie ich. Die Füller liefen über das Papier. Es war wie in einem wunderbar disziplinierten Studiersaal.« (*Jahren* 456)

So dicht wie in einem Studiersaal hockte man auch im *Flore* aufeinander, und das Leben auf engem Raum führte dazu, daß alle recht gut über das Privatleben der anderen Be-

117

scheid wußten. Simone de Beauvoir fühlte sich daher mit den anderen Gästen verbunden, selbst wenn sie nicht in direktem Kontakt mit ihnen stand. Wenn sie einen Stammgast des *Flore* zum Beispiel im *Deux Magots* traf, wurde mit einem Lächeln oder Kopfnicken diese Verbundenheit zum Ausdruck gebracht, obwohl man sich sonst nicht grüßte. Allerdings war es eher selten, daß Gäste des *Flore* sich im *Deux Magots* aufhielten oder umgekehrt, da zwischen diesen beiden Cafés eine unsichtbare Wand lag. Hätte Simone de Beauvoir Sartre einen Liebhaber verheimlichen wollen, so wäre sie im *Deux Magots* sicher vor Entdeckung gewesen.

LES TROIS MOUSQUETAIRES, RUE DE LA GAÎTÉ, 14. ARRONDISSEMENT

Simone de Beauvoir besuchte das Lokal *Les Trois Mousquetaires* wahrscheinlich zum ersten Mal im Herbst 1937, nachdem sie in das *Hotel Mistral* eingezogen war und nach geeigneten Plätzen zum Frühstücken Ausschau hielt. (*Jahren* 268)

Ende März 1941 ging sie eines Abends in ihr Hotel zurück, zu jener Zeit das *Danemark* in der *Rue Vavin,* wo sie in ihrem Postfach überraschend eine Nachricht von Sartre fand. Er teilte ihr mit, daß er sich im *Trois Mousquetaires* aufhalte und auf sie warte. Simone de Beauvoir und er hatten sich lange nicht gesehen. Sartre mußte seinen Kriegsdienst außerhalb von Paris verrichten, und außerdem war er in deutsche Gefangenschaft geraten.

»Ich rannte die Rue Delambre und die Rue de la
Gaîté hinab und betrat atemlos das Café, das hinter seinen dicken, blauen Vorhängen in rötliches
Licht getaucht war: niemand. Ich ließ mich auf eine Bank fallen. Einer der Kellner, der mich kannte, kam heran und reichte mir einen Zettel. Sartre
hatte zwei Stunden gewartet. Er mache einen Rund-
gang, um seine Nervosität abzureagieren. Er kom-
me wieder.« (*Jahren* 410)

Egal wie lange sie sonst getrennt gewesen waren, norma-
lerweise hatten sie niemals Probleme gehabt, sich wieder
aufeinander einzustellen. Bei diesem Treffen jedoch war es
anders. Sartre war aus einer Welt zurückgekehrt, die Simone de Beauvoir fremd war. Umgekehrt war ihm ihre

Welt, in der sie seit Monaten lebte, entrückt. (*Jahren* 410)
Natürlich war Beauvoir über Sartres Rückkehr erleichtert,
sie hatte schon befürchtet, er könne vielleicht gar nicht
mehr zurückkehren.

Die miserablen finanziellen Verhältnisse sorgten allerdings
weiterhin für Probleme bei der Nahrungsbeschaffung und
vor allem auch bei der Beschaffung von Tabak. Simone de
Beauvoir ließ sich jedoch weder von dem anhaltenden
Hungergefühl noch von dem Mangel an Zigaretten oder
anderer Tabakwaren schrecken, unter dem Sartre entschieden mehr litt als sie.

> »Auf der Straße, unter den Bänken des ›Trois Mous-
> quetaires‹ sammelte er ›Kippen‹ auf, mit denen er
> seine Pfeife stopfte. Er brachte es nicht über sich,
> sie mit dem Kräutertee anzufüllen, den gewisse Fa-
> natiker verwendeten und der das Flore wie eine
> Kräuterhandlung duften ließ.« (*Jahren* 431)

Die Einschränkungen waren in allen Lebensbereichen
spürbar geworden und der Erwerb und das Instandhalten
von Kleidung so kompliziert, daß Beauvoir die Lust daran verlor, sich mit ihrem Äußeren zu befassen. Der Fri-
seurbesuch konnte leicht zu einem Drama geraten, da ständig der Strom ausfiel, und so griff sie einfach zu den damals
in Mode kommenden Turbanen. Da sie bis auf den engsten Freundeskreis ohnehin kaum noch Leute traf und dem
Montparnasse mit seinen edleren Cafés fernblieb, kam es
nicht so sehr darauf an, wie sie sich kleidete. Simone de
Beauvoir frühstückte nun im Café *Trois Mousquetaires*, und
manchmal setzte sie sich dort auch zum Arbeiten hin, im

Hintergrund lautes Stimmengewirr, Geschirrklappern und das Gelärme eines bis zum Anschlag aufgedrehten Radios. (*Jahren* 433) Der Krieg hatte tief in ihr Leben eingegriffen, aber trotz zahlloser Schreckensmeldungen und Entbehrungen blieb er ohne Auswirkungen auf Beauvoirs Interesse an den einzelnen Schicksalen der Caf-

ébesucher. Gemeinsam mit ihren Freunden beobachtete sie auch weiterhin die Leute, die ein- und ausgingen, und spekulierte über ihre Gewohnheiten, so wie sie es auch schon vor dem Krieg getan hatte. Das Leben ging weiter.

Friedhof am Montparnasse

FRIEDHOF AM MONTPARNASSE, BOULEVARD EDGAR-QUINET NR. 3, 14. ARRONDISSEMENT

Beauvoir wurde im März 1986 mit Leibschmerzen ins Krankenhaus Cochin am Montparnasse eingeliefert. Man glaubte zunächst, daß sie eine Blinddarmentzündung habe, diagnostizierte aber später ein Lungenödem. Ein operativer Eingriff zeigte, daß der Schaden, den die Leber bereits genommen hatte, erheblich war. Nach der Operation erkrankte Beauvoir an einer Lungenentzündung, und sie verbrachte einige Zeit auf der Intensivstation, bevor sie auf eine reguläre Krankenstation verlegt wurde. Schließlich mußte sie wieder auf die Intensivstation, denn ihr Zustand verschlechterte sich plötzlich. Am Nachmittag des 14. April 1986 starb sie im Alter von 78 Jahren an fast denselben Ursachen, an denen auch ihr Lebensgefährte Sartre am 15. April 1980 gestorben war.

Fünf Tage später, am 19. April 1986, wurde Beauvoir auf dem *Friedhof am Montparnasse* beigesetzt. 5000 Menschen hatten der Zeremonie beigewohnt und folgten dem Familientrauerzug zu Fuß bis zu Sartres Grabstätte, wo Beauvoirs Körper beigesetzt werden sollte. Wie Beauvoir es gewünscht hatte, wurde sie mit dem Ring ihres ehemaligen Geliebten Nelson Algren am Finger beerdigt.

Der Sarg wurde in das Grab herabgelassen. Ein Protestgemurmel erhob sich aus der Menge, insbesondere seitens der Feministinnen, die aus der ganzen Welt angereist waren. Ärger und Frustration machten sich Luft, weil ein Mann die Worte dieser großartigen Frau vorlas, die sich während ihres ganzen Lebens für die Belange von Frauen eingesetzt hatte. Es gab auch hörbare Beschwerden darüber, daß den meisten Feministinnen der Zugang zum Friedhof verwehrt worden war. Man hatte die Tore geschlossen, kurz nachdem Beauvoirs engster Freundeskreis und ihre Familie sich an ihrem Grab versammelt hatten. Wahrscheinlich war diese Entscheidung getroffen worden, weil man eine Wiederholung der unerfreulichen Umstände von Sartres Beerdigung vermeiden wollte. Das Gerangel wetteifernder Fotografen hatte damals dazu geführt, daß Grabsteine zerbrachen und daß Beauvoir in Sartres Grab gestoßen worden war.

Jacques Chirac, damals Bürgermeister von Paris, hielt eine kurze Ansprache. Er erklärte, daß mit Beauvoirs Tod das Ende einer Ära engagierter Literatur gekommen sei, die noch in der Lage gewesen war, ihre Zeichen in der Gesellschaft zu hinterlassen.

Auch in unserer Zeit, auf der Schwelle zum 21. Jahrhundert, steht außer Zweifel, daß Beauvoir immer noch viele Menschen inspiriert. Wenn man heute auf dem *Friedhof vom Montparnasse* Simone de Beauvoirs Grab besucht, sieht man, daß ihr Grabstein immer noch mit Blumen und Danksagungen aus aller Welt geschmückt wird.

Quellen

Literatur

Simone de Beauvoir, *Memoiren einer Tochter aus gutem Hause,* Rowohlt Verlag, Reinbek 1968; *(Memoiren)*
Simone de Beauvoir, *In den besten Jahren,* Rowohlt Verlag, Reinbek 1969; *(Jahren)*
Simone de Beauvoir, *Der Lauf der Dinge,* Rowohlt Verlag, Reinbek 1970, *(Dinge)*
Christiane Zehl Romero, *Simone de Beauvoir,* Rowohlt Verlag, Reinbek 1978 *(Zehl)*
Tagebücher 1926-1930; *(Tagebücher)*
Die Zitate aus den Tagebüchern wurden von Inga Wester-teicher übersetzt

Fotos

Cover: © Henri Cartier-Bresson
Frontispiz und S. 49: Collection Particulière
S. 17, 19, 25, 28, 31, 43, 46, 59, 67, 77, 111: © Catherine Deudon
S. 39, 41, 45: credit of photography © Gisèle Freund/Agency Nina Beskow
S. 53: Privatbesitz
S. 63, 73, 81, 85: Roger Viollet
S. 87: Archive Photos, Monmartre des Arts
S. 93, 92, 108: © Martin Schreiber
S. 96/97: Keystone
S. 95: IMEC
S. 101: Archiv für Kunst und Geschichte, Berlin
S. 105: © Robert Doisneau

S. 106: © Léonard de Selva; Archive Photos Edimédia
S. 112/113: © Leprohon
S. 121: Herbig Verlagsbuchhandlung
S. 119: Privatbesitz

Register

Bibliografische Information der Deutschen Bibliothek
Die Deutsche Bibliothek verzeichnet diese Publikation in der
Deutschen Nationalbibliografie; detaillierte bibliografische
Daten sind im Internet über http://dnb.ddb.de abrufbar.

3. Auflage 2006
© 1999 by edition ebersbach
Horstweg 34, 14059 Berlin
www.edition-ebersbach.de

Umschlaggestaltung: Antje und Sybille Hassinger, Dortmund
Satz: Verlag Die Werkstatt, Göttingen
Druck und Bindung: Westermann Druck, Zwickau
ISBN 3-931782-60-3

C. H.